曹建芳 李艳飞 ◎著

古代寺观壁画
病害自动标定与

知识产权出版社
全国百佳图书出版单位

图书在版编目（CIP）数据

古代寺观壁画病害自动标定与虚拟修复方法研究 / 曹建芳，李艳飞著. —北京：知识产权出版社，2019.9

ISBN 978-7-5130-6408-8

Ⅰ. ①古… Ⅱ. ①曹… ②李… Ⅲ. ①寺庙壁画—修复—方法研究 Ⅳ. ①K879.415

中国版本图书馆 CIP 数据核字（2019）第 182744 号

内容提要

本书围绕古代壁画的数字化保护展开研究，以寺观壁画为例，对壁画数据库集群的搭建、病害区域的自动标定、标定缺损区域的虚拟修复，以及古代壁画智能修复原型系统的设计与开发等方面进行了探讨和研究，系统地阐述了古代壁画病害自动标定和虚拟修复的关键技术。理论上，对壁画病害区域自动标定和虚拟修复的原理进行了分析；实践上，设计开发了原型系统并进行了验证和分析，为各类古代壁画图像的数字化保护提供了新的思路和途径。全书集理论、技术、方法及实践于一体，具有较强的理论性和实践性，反映了当前该领域的最新研究成果。

本书可作为计算机科学应用技术、信息科学、工程技术等专业的本科生及硕士研究生教材，对相关领域的研究人员和工程技术人员也有重要的参考价值。

责任编辑：张　珑　　　　　　责任印制：孙婷婷

古代寺观壁画病害自动标定与虚拟修复方法研究
GUDAI SIGUAN BIHUA BINGHAI ZIDONG BIAODING YU XUNI XIUFU FANGFA YANJIU

曹建芳　李艳飞　著

出版发行：知识产权出版社 有限责任公司	网　　址：http：//www.ipph.cn
电　　话：010-82004826	http：//www.laichushu.com
社　　址：北京市海淀区气象路 50 号院	邮　　编：100081
责编电话：010-82000860 转 8363	责编邮箱：laichushu@cnipr.com
发行电话：010-82000860 转 8101	发行传真：010-82000893
印　　刷：北京建宏印刷有限公司	经　　销：各大网上书店、新华书店及相关专业书店
开　　本：787mm×1092mm　1/16	印　　张：8
版　　次：2019 年 9 月第 1 版	印　　次：2019 年 9 月第 1 次印刷
字　　数：100 千字	定　　价：49.80 元

ISBN 978-7-5130-6408-8

出版权专有　侵权必究

如有印装质量问题，本社负责调换。

前　　言

　　寺观壁画是我国重要的文化遗产之一，蕴含着丰富的历史、文化及艺术信息，生动记录了各朝各代、不同民族的社会风貌，在历史、文化及艺术等领域具有非常重要的价值。寺观壁画主要存在于寺庙之内，以墙壁为载体，附着于墙上。历经千年后，大部分壁画已经存在不同程度的褪色、脱落、裂隙、霉变等病害，严重影响了壁画内容的完整和生命的延续。因此，关于壁画的保护，特别是计算机智能处理技术在壁画保护中的应用成为学者们的研究热点。在此背景下，古代壁画数字化传承与保护技术应运而生。它综合了人工智能、计算机视觉、模式识别、心理学和数据库管理等领域的相关知识。对计算机智能信息处理技术在壁画数字化保护中的应用进行分析，旨在解决文化遗产领域传统的人工处理方法存在的问题，建立实用性更强的古代壁画数据库集群、病害自动标定和虚拟修复原型系统。

　　本书以山西寺观壁画为研究对象，针对对壁画内容影响极大的、损坏较严重的寺观壁画脱落病害展开研究。利用数字图像处理技术，对壁画进行预处理，然后根据脱落区域的特点，提出脱落病害的自动标定与虚拟修复算法，最后完成壁画的虚拟修复，为壁画的实际修复提供了参考。书中首先介绍了数据库集群、负载均衡的相关技术，主要包括 MySQL Cluster 的特点及体系架构、NDB 存储引擎、负载均衡策略、Nginx 与 Keepalived 等，并完成了壁画数据库集群的设计、部署和测试。然后，针对寺观壁画脱落病害的标定问题，将脱落病害分为绘画层脱落和地仗层脱落两类，通过转换颜色空间，分别利用阈值分割和区域生长算法实现了两类脱落病害的自动标定；针对脱落病害的虚拟修复问题，以经典的块修复算法——Criminisi 算法为基础，通过分析壁画的结构特征，在待修复块优先权的计算中引入了结构张量，在匹配块的匹配准则中引入结构相关因子并使用了局部搜索策略，实现了脱落区域的准确、高效的修复。通过与传统标定、修复算法的对比，验证了本书提出的算法的高效性，同时也获得了较好的标定和修复效果。最后，将本书构建的壁画数据库集群作为数据源，以提出的自动标定与虚拟修复为核心算法，完成了壁画数据管理原型系统的开发。

全书共分为 6 章：第 1 章是绪论，介绍了古代壁画数字化保护的研究现状和本书的研究内容、组织结构；第 2 章介绍了古代壁画数据库集群的搭建；第 3 章探讨了寺观壁画脱落病害的分类和自动标定方法；第 4 章研究了改进的 Criminisi 算法对寺观壁画虚拟修复的方法；第 5 章对壁画脱落病害自动标定与修复系统的设计与实现进行了探讨；第 6 章对本书的研究工作进行了总结和展望。

前　言

值本书出版之际，我要感谢忻州师范学院计算机系的领导和老师们，在他们的支持、鼓励和帮助下，我顺利地完成了本书的撰写工作！

本书的出版得到了山西省高等学校人文社会科学重点研究基地项目（No.20190130）、山西省自然科学基金（No. 201701D121059）、山西省艺术科学规划课题（No. 2017F06）、忻州市平台和人才专项（No. 20180601）的资助，在此一并表示感谢！

本书中的一部分内容反映了古代壁画智能处理的最新研究成果、研究方法和研究动向，在理论体系和方法上均有创新，构建了古代壁画病害标定和修复关键技术分析的平台。本书可作为计算机应用技术、信息科学、工程技术等专业高年级本科生和研究生的教材，对相关领域的研究人员和工程技术人员也有重要的参考和使用价值。

由于作者才疏学浅，书中疏漏在所难免，恳请各位专家学者批评指正，提出宝贵意见。

曹建芳

2019 年 8 月

目 录

第 1 章 绪论 ··· 1
    1.1 研究背景与意义 ·· 1
    1.2 国内外研究现状 ·· 4
        1.2.1 数字图像处理 ··· 4
        1.2.2 壁画智能修复 ··· 7
    1.3 本书主要工作 ·· 10
        1.3.1 脱落病害的自动标定 ·· 11
        1.3.2 壁画的虚拟修复 ·· 12
        1.3.3 壁画数据库集群的设计及虚拟修复系统的实现 ················· 12
    1.4 本书组织结构 ·· 12
    1.5 本章小结 ··· 14

第 2 章 壁画数据库集群设计与实现 ·· 15
    2.1 MySQL 集群 ··· 16

2.1.1 MySQL 集群简介 ·· 16
2.1.2 MySQL Cluster 特点 ··· 17
2.1.3 MySQL Cluster 的体系结构 ·· 18
2.1.4 NDB 存储引擎 ··· 20
2.2 负载均衡及相关技术 ·· 22
2.2.1 负载均衡简介 ·· 22
2.2.2 负载均衡策略 ·· 23
2.2.3 Nginx 服务器与 Keepalived ·· 25
2.3 壁画数据库集群设计与实现 ··· 26
2.3.1 集群的设计 ··· 26
2.3.2 集群的搭建 ··· 27
2.4 壁画数据库集群测试 ·· 30
2.4.1 数据一致性 ··· 30
2.4.2 高可用性 ·· 31
2.4.3 高并发性 ·· 35
2.5 本章小结 ·· 36

第 3 章 寺观壁画脱落病害的自动标定 ·· 37
3.1 壁画脱落病害分类 ··· 38
3.2 绘画层脱落病害自动识别及标定 ·· 39
3.3 地仗层脱落病害自动识别及标定 ·· 41
3.3.1 TS-RG 算法 ·· 41
3.3.2 基于 TS-RG 算法的地仗层脱落病害自动识别及标定 ············ 43

3.4	实验结果与分析	48
	3.4.1 绘画层脱落自动标定实验	48
	3.4.2 地仗层脱落自动标定实验	50
3.5	本章小结	56

第4章 寺观壁画脱落病害的虚拟修复 57
- 4.1 Criminisi 算法介绍 58
- 4.2 结构张量与壁画构图 60
  - 4.2.1 图像的结构张量 60
  - 4.2.2 壁画的构图特征 61
- 4.3 ASB-LS 算法 62
  - 4.3.1 优先权函数 62
  - 4.3.2 自适应样本块 63
  - 4.3.3 匹配块搜索策略 65
  - 4.3.4 ASB-LS 算法描述 66
- 4.4 实验结果与分析 67
  - 4.4.1 实际脱落壁画修复对比 68
  - 4.4.2 人为破坏壁画修复对比 72
- 4.5 本章小结 75

第5章 壁画脱落病害自动标定与修复系统的设计与实现 77
- 5.1 系统开发工具及环境 77
- 5.2 系统架构 78
- 5.3 系统模块 79

5.3.1　系统管理模块 ··· 79
　　5.3.2　数据管理模块 ··· 82
　　5.3.3　壁画修复模块 ··· 85
5.4　本章小结 ··· 89

第六章　总结和展望 ·· 91
6.1　本书总结 ··· 91
　　6.1.1　寺观壁画脱落病害的自动标定 ·· 91
　　6.1.2　壁画脱落病害的虚拟修复 ·· 92
　　6.1.3　壁画数据库集群的设计及虚拟修复系统的实现 ······················· 93
6.2　展望 ·· 93

参考文献 ·· 95

第 1 章 绪 论

1.1 研究背景与意义

中国古代壁画起源于石器时代,发展于秦汉时期,兴盛于隋唐、元代,明清时期开始没落。壁画的发展贯穿了整个中华民族五千年的历史。按照壁画的依托形式可将其分为寺观壁画、石窟壁画和墓室壁画三大类,其中古代寺观壁画作为主要的文化遗产之一,蕴含着大量的历史、文化、艺术信息,形象地记载了各个朝代和不同民族的社会风貌,具有重要的历史、科学和艺术价值[1]。古代寺观壁画是画工直接将图案描绘在墙上的画,它以墙为载体,由支撑体、地仗层和绘画层构成[2]。寺观壁画主要依附于古代寺庙建筑,寺观壁画的支撑体主要是建筑物的墙壁、岩体等,绘画层主要由颜料组成,由于支撑体表面一般都是凹凸不平的,所以经常在支撑体和颜料层之间加上地仗层,便于绘画层的依附。

素有"中国古代建筑宝库"之称的山西,以现存佛教寺庙和道观而论,数量之多和历史之久是全国仅见的[3]。山西至今发现并仍然保存较好的古代壁画,总面积多达2.5万余平方米。现存壁画中,分量最重、数量最多的当数寺观壁画[4]。山西五台山作为世界五大佛教圣地之一,其现存壁画量居省内各地区之首,计有8个朝代的2380.01平方米,最早的壁画距今已有1200多年[5]。但由于历史、气候环境等原因,各寺观的壁画都存在不同程度的褪色、脱落、裂隙、起甲、烟熏、霉变、空鼓等现象,其中脱落病害最为严重,亟待保护[6]。脱落病害不仅使得壁画内容受损,极大影响了参观者的视觉体验,更是壁画等艺术作品类文化遗产破坏的开始,如果得不到及时的保护,将来可能出现更严重的破坏,如酥碱、起甲、断裂等病害的侵蚀。图1.1(另见文后彩图)中给出了寺观壁画典型的4种病害示例。

壁画保护一直是现代文物保护单位的一大难题,古壁画保护的目的就是延长壁画的生命,使人类文化遗产能够得到延续。古壁画保护工作主要包括两个方面:壁画病害治理和壁画修补[7]。古壁画病害治理,主要是通过考古专业人员或者壁画研究人员到现场对壁画的损坏状况进行调查、统计,并对统计数据进行总结入库,形成分析数据。古壁画修补,主要是通过专业人员到现场对壁画进行加固、修补,去除壁画表面的附着物等。

许多文物保护者表示,由于壁画相关资料的杂乱、缺乏,壁画文物保护工作面临许多困难,动手修复过程更是难上加难。

上述古代壁画保护手段要求保护工作者不仅要掌握原始壁画各方面的信息,还要具备扎实的人文、美术、考古等基础知识,这种方法不但效率低而且因人

(a)开化寺宋代壁画褪色 　　　　　　(b)广胜寺元代壁画裂隙

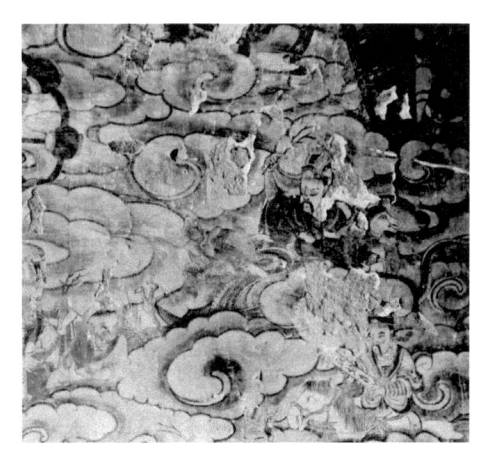

(c)开化寺宋代壁画起甲 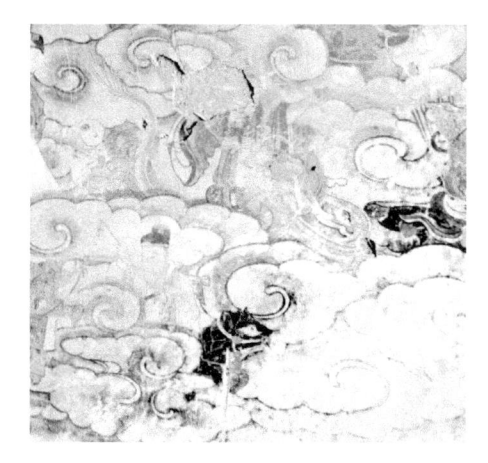　　　　　　(d)开化寺宋代壁画脱落

图 1.1 寺观壁画典型病害图（另见文后彩图）

工修复过程中的失误，可能对壁画造成更大的伤害。面对如此丰富、珍贵的文化遗产，如何做好遗产保护修复工作，让其永葆光彩，不仅是文物保护者的职责，更需要引起全社会的重视。近年来，随着信息技术的发展，图像处理、海

量数据存储等技术也被广泛应用到古代壁画保护当中。在利用计算机技术辅助古代壁画保护的过程中，图像处理技术应用最广也最成功，壁画病害的标定及虚拟修复逐渐成为一个研究热点。本课题的研究目的是探索数字图像处理技术在壁画修复中的应用，研究壁画图像中脱落病害的自动标定以及虚拟修复算法，同时利用数据库集群技术存储大量有关壁画的结构、非结构化数据。这不仅使壁画能够虚拟展示，同时也为壁画的实际修复提供了参考，使得壁画实际修复后看起来更自然、更接近创作者的真实意图。

1.2 国内外研究现状

1.2.1 数字图像处理

数字图像处理是利用计算机对图像进行去噪、增强、复原、分割、特征提取等处理的理论、方法和技术。一般情况下，图像处理是用计算机和实时硬件实现的，所以也被称为计算机图像处理[8]。其发展始于20世纪20年代，但由于当时技术的限制，随后的发展比较缓慢，直到20世纪60年代，首台能够执行数字图像处理任务的计算机问世，才实现了真正意义上的图像处理。美国喷气推进实验室在1964年对航天探测器传回的月球照片采用了数字图像处理技术，得到了较为清晰的月球表面形貌照片，这次实践也促进了数字图像处理这门学科的诞生[9]。后来离散数学出现，又为数字图像的处理提供了有力的工具。

第1章 绪 论

20世纪70年代，随着计算机轴向断层技术的发明，CT装置作为数字图像处理技术在医疗领域的应用日渐成功。20世纪末，研究者们对图像的处理从二维进入三维领域，同时对图像处理的实时性、网络化、智能化提出了要求。近年来，随着计算机技术的飞速发展，以及图像处理理论和方法的不断完善，数字图像处理不但广泛应用于生物医学、航天遥感、工业工程、无人驾驶、人工智能等科学研究领域，甚至已经渗透到生活的各个角落。

数字图像区域标定，主要采用图像分割的思想。徐贵力等[10]使用彩色图像颜色和纹理特征对番茄缺素病害进行分析，提取番茄缺素病害区域。耿长兴等[11]将色度和纹理知识应用于黄瓜霜霉病害的特征提取，为黄瓜霜霉病害的识别提供了很大的帮助。胡伟平等[12]联合使用阈值分割和区域生长算法进行了车牌的定位，使用垂直投影法进行了字符分割，并使用字符模板匹配的方法实现了车牌字符的准确标定。王建伟等[13]将基于四元数矢量积性质的区域生长算法应用到复杂背景彩色图像中，实现了区域和对象的准确分割。姜伟等[14]、Ma等[15]利用区域生长算法对彩色遥感图像、医学图像进行了分割，降低了计算复杂度，同时获得了较好的分割效果。

图像修复问题早在20世纪90年代就被提出，但一直很少有人重视，直到21世纪初才受到广泛关注，各种修复算法层出不穷。依据待修复块的大小，Guillemot等[16]将数字图像修复技术分为两类，一类是Bertalmio等[17]提出的基于偏微分方程（PDE）的数字图像修复算法，该算法对处理图像中的划痕等小尺度破损有较好的复原效果，然而当破损区域较大或周围的纹理非常丰富时，修复效果较差。另一类是Criminisi等[18]提出的基于样本块的修复算法，该算法适用于大面积破损区域的修复,效果令人满意。其中基于纹理块的样本修复算法应用最为广泛,发展空间较大,得到了众多学者的关注。

2004 年,Criminisi 等提出的基于图像块样本纹理合成的图像修补方法比较经典;Criminisi 算法虽然在图像修补领域是一种经典算法且适用于壁画脱落区域的修复,但是仍然存在不足。目前大量的研究者对其进行了优化改进。Zhang 等[19]在 Criminisi 算法的基础上优化了匹配块的复制过程。Zhu 等[20]对 Criminisi 算法中目标块选择的大小进行了优化。Xue 等[21]对 Criminisi 算法中块匹配所使用的匹配准则"对应像素误差平方和最小"进行了优化,提出使用颜色梯度进行块匹配,取得了不错的修补效果。梁淑芬等[22]将优先权计算的方式由数据项和置信度项相乘改为相加的形式,并添加正规化因子;刘业妃等[23]将置信度项修改为指数的形式以平缓其迅速下降为零的趋势,并添加可供用户选择的正规划因子。这两种改进算法对结构简单的破损图像修复效果较好,但修复纹理较丰富的图像时会出现结构不连续的现象。

针对结构不连续的现象,Liu 等[24]通过引入结构张量来构建局部结构度量函数,以此来优化优先权函数,并且提出了一种新的匹配准则。该算法对图像的强边缘结构进行修复时有较好的保持。但是在修复弱边缘结构时出现了结构断裂的现象。Siadati 等[25]通过结合图像的结构张量和梯度来更加准确地区分图像的显著结构,并通过定义新的优先级函数使图像的结构部分优先修复。不过该算法在修复复杂结构时效果并不理想,运行时间也很长。Alilou 等[26]通过预先设定最优距值来减少匹配块之间的计算,这种做法虽然降低了算法的时间复杂度,但会出现错误匹配块。

第 1 章 绪 论

文物保护工作者在多年的工作实践中发现，文物修复和图像修复在很大程度上存在相同之处，利用这些共同之处结合图像分割、增强与目标移除等数字图像技术来进行文物虚拟修复，有效避免了修复中对文物造成的破坏。不过目前我国对这一技术的研究还处于起步阶段，文物信息的数字化、规范化等一系列信息化系统还不够完善。但是随着海量数据存储、深度学习、数字图像修复等技术的发展，数字图像处理在文物领域的应用将有更广阔的前景。

1.2.2 壁画智能修复

1. 壁画数字化

古代文物数字化是现代计算机技术、信息、网络和多媒体等技术在文物保护工作中的综合应用。计算机技术应用于考古学和文物保护领域的研究始于 20 世纪 50 年代，美国学者首次把计算机技术应用于民族部落研究。20 世纪 70 年代我国学者将计算机技术应用到文物保护领域。此后，文物数字化作为一种新技术被越来越多的国家和文物保护单位所使用[27]。古壁画的数字化技术最主要的步骤就是古壁画图像的数字化采集，主要是采用高分辨率的专业数码相机拍摄而获得。古壁画数字化以后，就可以脱离文物本体而独立存在，同时壁画的信息通过现代化的数字技术得以永久保存。对古壁画运用数字化技术不仅改良了以往常规的壁画管理技术手段和管理方式，也为古壁画保护与管理工作提供了有效的技术支撑，实现了对古壁画资源科学、动态的管理[28]。

2003 年，鲁东明等 [29, 30] 提出了智能化交互的壁画临摹辅助技术，通过计算机辅助生成线描图、计算机辅助着色敦煌壁画等数字化壁画保护修复技术，解决了传统修复性临摹中的一些问题；2007 年，郭薇等 [31] 提出用数字影像技术对壁画实现内部信息获取与保存，为壁画的信息共享、保护修复、学术研究、参观鉴赏与开发利用等提供准确的数字化素材，对壁画的永久性保存和修复有十分重要的意义；2012 年，周健悦 [32] 对壁画数字化过程中壁画法律地位、壁画著作权归属、壁画虚拟修复过程中的著作权问题、壁画图像转化过程中的著作权问题，以及壁画数字化过程中其他知识产权问题做了详细介绍。壁画的数字化不仅为壁画保护和修复提供了全面、有价值的参考资料，而且也解决了实际壁画修复过程中反复复原对其造成二次伤害的问题。

2. 壁画病害的自动标定

壁画脱落病害标定是通过分析脱落区域与完好区域，提取脱落区域的特征，然后利用特征匹配提取与脱落区域特征相似的图像像素位置并将其标定出来。壁画长期暴露在空气中，由于温度、湿度的影响，酥碱、脱落的病害在古代壁画中普遍存在。脱离区域面积较大，表面粗糙，脱离的程度也各不相同，但是完好的地仗层颜色接近白色，绘画层颜色大多亮度大，并且不具有表面粗糙、不规则、颗粒性强等纹理特征，因此对古代壁画脱落病害进行标定时可以充分利用古代壁画的颜色及纹理特征对其进行准确的标定。颜色和纹理是图像特征识别、标定中常用的特征，相比于图像的其他特征，对图像的尺寸、旋转和平移等的变化具有非常强的鲁棒性。

第1章 绪　　论

近年来，王凯、王慧琴、吴萌等[33]对唐墓室壁画病害进行研究，提出了对唐墓室壁画裂缝病害的自动标定和虚拟修复方法。李彩艳等[34]针对唐墓室壁画泥斑病害问题，提出了泥斑病害自动标定算法，该算法用空间自相关函数分析泥斑病害纹理特征，对图像分块处理获取泥斑区域的掩码，然后将泥斑区域掩码与原图进行加运算，实现壁画泥斑病害精确标定，标定准确率较高。黄山园等[35]提出了一种新的颜色量化算法，该算法根据人眼分辨颜色的特点，将HSV颜色空间划分为10个区间，用216种安全色作为颜色对照表对图像颜色特征进行统计。该算法在增加特征维度的同时减少了计算复杂度，图像检索结果较好。官倩宁等[36]将纹理特征中的边缘直方图描述方法和颜色特征中的主颜色描述方法结合进行图像检索。目前针对图像目标区域的提取方法很多，但对于壁画病害区域的标定和提取，主要还是靠人工手动标定。虽然有一些自动标定方法，但没有充分利用病害区域的特征，仅仅考虑了病害区域的颜色、纹理信息，导致标定准确率不高，将壁画完好区域错误标定为病害区域或者脱落区域未完全标定。

3. 壁画的虚拟修复

壁画虚拟修复是借助数字图像修复技术对数字化古代壁画进行修复，对起甲、褪色、泥斑、裂缝等病害进行修复，使壁画恢复原貌[37]。壁画虚拟修复的核心是利用壁画中已知区域的信息对脱落区域进行填充的过程。近年来，随着信息技术的发展，图像处理、机器学习等技术也被广泛应用到古代壁画保护当中。在利用计算机技术辅助古代壁画保护的过程中，图像处理技术应用最广也最成功，不仅使壁画能够虚拟展示，同时也为壁画的实际修复提供了参考。

鲁东明、潘云鹤等[38]将计算机技术应用到壁画上，实现了对敦煌石窟壁画虚拟重现与修复，以及壁画复原的演变模拟。Pei 和 Zeng 等[39]对文物壁画的色彩复原问题进行了研究，利用马尔科夫随机域模型（Markov random field，MRF）对图像建模，以此来估计图像的污点、裂痕和人为损坏部分，填补相应的空白区域，达到图像修复的目的。Papandreou 等[40]在图像稀疏表示模型的基础上，为了获取相邻尺度小波系数间更多的相关性，加入了隐马尔科夫树结构模型，该模型能够调整尺度间小波系数的相关性，从而提高图像重建的精度。他们运用该方法实现了对史前希腊壁画的修复。

目前关于壁画虚拟修复的算法，其实主要还是利用普通图像修复的相关算法并对其进行改进来修复壁画病害区域，没有真正考虑壁画自身的构图学特征[41, 42]，因此，在现有 Criminisi 算法的基础上，修复效果还可以进一步提升，使得修复后的壁画更和谐，更符合创作者的构图思路。

1.3 本书主要工作

本书围绕数字图像处理技术在壁画保护中的应用展开研究，针对山西寺观壁画脱落病害问题，详细分析了壁画图像脱落病害的特征。从病害区域的自动标定和虚拟修复两方面着手，分别提出了融合阈值分割的改进区域生长算法

第 1 章 绪　　论

（region growing algorithm fusing threshold segmentation，TS-RG）和自适应样本块局部搜索算法（adaptive sample block and local search，ASB-LS），同时设计了高可用壁画数据库集群及虚拟修复系统实现壁画数据的管理。首先，对获取到的壁画图像进行预处理，将较大的图像平均切割为（500×500）像素的图片块。然后，利用 TS-RG 算法实现脱落区域的自动标定。对标定后的图像区域进行形态学操作后再输入，利用 ASB-LS 算法进行自动修复，得到修复后的图像。最后，把修复完成的各图片块进行合并，得到最终的壁画图像修复结果并输出，从而实现寺观壁画脱落病害的自动标定和虚拟修复。实验结果表明，本书提出的标定和修复算法准确率更高、修复效果较好且修复效率得到了提升，对壁画的实际修复工作具有一定的指导意义。

本书的研究内容集中于以下三方面。

1.3.1　脱落病害的自动标定

首先，分析脱落区域的颜色特征，通过阈值分割标注疑似脱落点并以这些点为种子点进行区域生长[43]，扩展脱落区域，计算颜色掩码；然后，在 YcbCr、HSV 颜色空间分析脱落区域的亮度、色度、饱和度特征，通过阈值分割得到脱落区域的亮度、色度、饱和度掩码，并将各个特征掩码进行融合；最后，将融合得到的脱落区域掩码与原图进行加运算，实现脱落病害的标定。

1.3.2 壁画的虚拟修复

对标定完成的壁画脱落区域进行形态学操作后，首先，分析壁画的构图特征，引入结构张量，利用其特征值重新定义数据项，确保图像的结构信息可以准确传播；然后，利用该数据项构成新的优先级函数，使得图像的填充顺序更合理；最后，利用结构张量的平均相关性自适应选择样本块大小，同时采用局部搜索策略提升匹配效率，有效避免了修复后图像结构误传播和匹配块盲目搜索的问题。修复完成的图像满意度更高，修复时间更短。

1.3.3 壁画数据库集群的设计及虚拟修复系统的实现

本书设计的壁画数据库集群是基于 MySQL 的同步数据库集群，每个关键节点都采用冗余备份策略，以达到壁画数据高可用的要求[44]。虚拟修复系统是基于 SMM（SpringMVC、Spring、MyBatis）框架的 B/S 系统[45, 46]，从集群获取壁画数据，调用 TS-RG、ASB-LS 算法实现壁画的标定及虚拟修复，最后展示修复的效果图，同时针对壁画数据实现了基于 RBAC[47]的用户权限管理。

1.4 本书组织结构

本书围绕数字化图像处理技术在古代寺观壁画修复中的应用展开研究，共分为六章，各章内容安排如下：

第 1 章 绪　　论

第 1 章 "绪论"。主要介绍了古代寺观壁画的现状和国内外关于壁画病害标定与修复的研究进展，概括说明了本书的主要研究内容及各章节安排。

第 2 章 "壁画数据库集群设计与实现"。主要介绍了基于 MySQL 的壁画数据库集群的核心技术及原理，它是下文壁画病害标定与修复的数据来源及修复完成后壁画图像的存储位置。同时设计并完成了壁画数据库集群的部署与测试，为后续章节的研究及相关系统的设计打好技术基础并提供了数据支撑。

第 3 章 "寺观壁画脱落病害的自动标定"。这一章针对壁画的脱落病害问题，从脱落区域的破损程度对病害进行了分类，提出了融合阈值分割的改进区域生长算法。针对不同程度的病害，从颜色、亮度、色度等方面进行了研究，确定了各特征的掩码，最后进行了掩码的融合，实现脱落区域的自动标定。实验结果表明，本书提出的算法标定准确率更高，用户更满意。

第 4 章 "寺观壁画脱落病害的虚拟修复"。在传统图像修复方法 Criminisi 算法的基础上，结合壁画的构图特征，提出了一种自适应样本块局部搜索的壁画图像修复算法。利用图像的结构张量特性分别从修复过程中的边界点优先级确定、样本块的自适应选择、最佳匹配块的搜索策略等方面对 Criminisi 算法进行了改进，实现壁画图像的虚拟修复。实验结果表明，本书的算法对于壁画脱落病害的修复效果更好，修复效率更高。

第 5 章 "壁画脱落病害自动标定与修复系统的设计与实现"。这一章以第 3 章、第 4 章提出的算法为壁画脱落病害的标定、修复核心，以第二章搭建的壁画数据库集群为数据支撑，存储壁画数据。开发设计了壁画数据管理系统，主要包括数据管理、壁画修复、系统管理三大模块。实现了用户通过界面与数据库集群的交互、壁画的自动标定和虚拟修复,以及完整的用户权限管理等功能,为壁画的数字化处理提供了便利。

第6章"总结与展望"。这一章对全书的研究工作进行了总结,分析了其中的不足之处,并提出了下一步的研究方向。

1.5 本章小结

本章概述了课题的研究背景和意义,详细介绍了与本书研究工作相关的国内外研究现状,最后说明了本书的主要研究内容和组织结构安排。

第 2 章 壁画数据库集群设计与实现

数据库集群是指利用两台及两台以上的数据库服务器组成一个虚拟单一的数据库逻辑镜像，像单机数据库那样，为用户提供透明的数据服务[48]。集群内的各个数据库服务器（也称"节点"）通过高速网络互连，从而形成一种并行的分布式数据库系统。集群的目的是实现系统的容灾性和提高系统的可用性，并在投入相对较低的情况下，根据集群内各节点的负载情况实现任务实时调度，使得各节点充分发挥作用从而达到系统整体性能的最大化。目前国内外流行的数据集群主要分为两类，一类是基于数据库引擎，如 Oracle RAC、Microsoft MSCS、IBM DB2 ICE、MySQL Cluster 等；另一类是基于中间件的数据库集群，如 ICX-UDS、Continuent Cluster 等。MySQL 以其开源、良好性能、轻量级等特点受到了越来越多的企业的青睐。本书设计的壁画数据库集群基于 MySQL 集群，本章将介绍 MySQL 集群实现古代壁画数据库集群的一些原理和关键技术。

2.1 MySQL 集群

2.1.1 MySQL 集群简介

MySQL 集群是通过高速网络将两台或多台低性能数据库服务器按一定逻辑互连组成的分布式数据库系统。集群中的各数据节点扮演不同的角色，按照集群的架构方式，可分为同步集群（MySQL Cluster）和异步集群（MySQL Replication）。MySQL Cluster 是一种允许在无共享架构（share nothing architecture）的系统中应用内存数据库的分布式数据库集群技术，数据的复制同步进行。MySQL Replication 实现了将一个 MySQL 实例中的数据复制到另一个 MySQL 实例中，整个过程异步进行。二者对比见表 2.1。

表 2.1 MySQL Cluster 与 MySQL Replication 对比

指标	MySQL Cluster	MySQL Replicaion
数据存储	同步存储	异步存储
速度	较快	一般
扩展性	较好	差
冗余性	较好	一般
可用性	较高	一般
是否实现负载均衡	是	否
配置管理	方便	较差

2.1.2 MySQL Cluster 特点

MySQL Cluster 经过不断地优化升级，目前发布的最新稳定版本为 MySQL Cluster 7.6。其具有以下几方面的特性。

1. 高可用性

（1）同步复制：每个数据节点的数据可以同步复制到其他数据节点。

（2）自动故障转移：集群通过心跳机制实时检测故障节点，通常在 1s 内完成自动故障转移，不会中断对客户端的服务。

（3）自我修复：故障节点可以通过自动重启完成自我修复，且在加入集群前能够完成与其他节点的数据同步，对客户端来说，完全透明。

（4）非共享、分布式架构，不存在单点故障：每个节点都有自己的内存和磁盘。

（5）数据跨地域复制：数据会被镜像到远程数据中心，本地发送灾情时，可以快速地从远程数据中心恢复。

2. 高性能

（1）内存实时数据库：采用内存优化表，集群可提供实时响应及高吞吐量，满足电信与企业级最苛刻的要求。

（2）自动分片：集群可实现跨节点自动分割数据表，使数据库能够在低成本的商用硬件上水平扩展，以便为读写密集型工作负载提供服务。

（3）并行分布式查询引擎：集群提供了整个分布式分区数据集的一致性事务视图，使得分布式应用程序的设计更简单，开发人员可以专注于业务逻辑而无须考虑数据的分发。

（4）数据位置感知：集群在其 APIs 中内建了数据位置感知，不需要名称及数据管理节点，可以正确高效地查找到最近的数据集副本。

3. 易用性

（1）在线扩展：集群允许在线添加节点并实时更新数据库模式。

（2）自动安装：可视化界面配置、安装集群，并根据工作负载和环境自动调整。

（3）便捷的管理与监控：MySQL Cluster Manager 可以自动完成常规任务的管理，MySQL Enterprise Monitor 可实时监控集群并及时发出警报。

2.1.3　MySQL Cluster 的体系结构

MySQL Cluster 将 NDB（network database）存储引擎与标准的 MySQL 服务器集成在一起，所以也被称为 NDB Cluster。集群由一组被称为宿主机的计算机组成，每台宿主机上运行一个或多个提供不同服务的专用守护进程，在集群中这些进程也被称为节点。MySQL Cluster 主要包括三类节点：管理节点（ndb_mgmd 进程）、数据节点（ndbd 进程）、SQL 节点（mysqld 或 mysqlmtd 进程）。各节点之间的关系如图 2.1 所示。

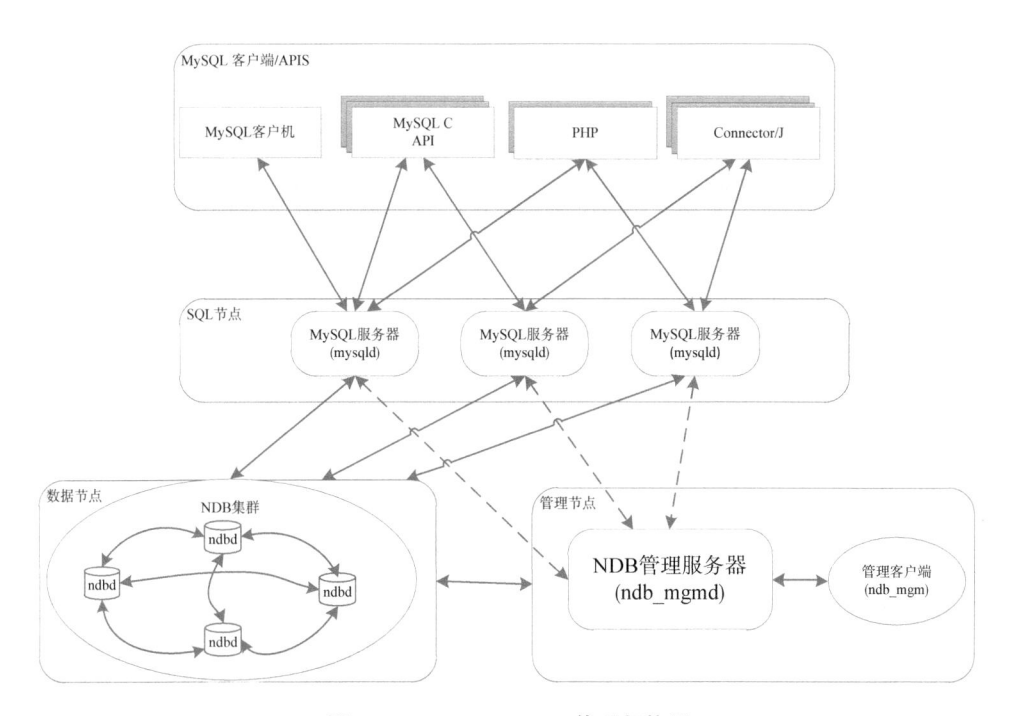

第 2 章　壁画数据库集群设计与实现

图 2.1　MySQL Cluster 体系架构图

　　从该架构图可以清晰看到 MySQL Cluster 中各节点的功能及对应的守护进程，集群中所有的数据都保存在数据节点 NDB 服务器的存储引擎中，而表结构保存在 SQL 节点 MySQL 服务器上。MySQL 客户端或其他 API 接口，通过 SQL 节点来访问集群中的数据，系统管理员通过管理客户端来管理集群中的数据节点，MySQL Cluster 为访问它的用户提供了方便高效的数据管理方式。集群中各节点所对应的功能如下。

　　（1）管理节点：它被视为集群的"大脑"，主要负责管理与记录集群内的其他节点的运行状态，并保存整个集群环境的详细配置及日志信息。管理节点可

· 19 ·

以对其他节点进行启动、停止及运行备份等操作，同时将获取到的各节点信息反馈给集群中所有节点。

（2）数据节点：数据节点是整个集群中最为关键的节点，它负责整个集群数据的存储及数据节点间数据的同步复制，防止单个或多个节点故障而导致整个 MySQL Cluster 瘫痪。数据节点的个数与集群配置的副本数目相关，通常为副本个数的整数倍，每个数据节点保存完整数据的一个分片。

（3）SQL 节点：该类型节点用于数据节点存取数据，提供统一的标准 SQL 接口，除其创建的数据库表必须使用 NDB 引擎，其他跟普通的 MySQL Server 没有区别，数据的存储对应用程序和开发人员完全透明。除此之外，客户端应用也可通过数据节点提供的 NDB API 直接访问数据存储层。

2.1.4 NDB 存储引擎

在 MySQL 5.0 及以上版本，官方提供了 NDB 存储引擎，它是一种高冗余的数据库存储引擎，将多台设备联合起来向外界提供服务。这样既提高了系统的整体性能，又增加了系统的安全性。NDB 的整体架构如图 2.2 所示。

从 NDB 架构图可以看出，NDB 引擎将数据进行了分片，分别存在集群中的数据节点上，并将各个数据分片做了冗余。NDB Cluster 中数据分片的个数默认等于数据节点的个数，每个数据节点上保存一个完整的数据分片。以四个数据节点、两份副本的 MySQL Cluster 为例，图 2.3 展示了各数据分片及其备份分片在数据节点上的存储情况。MySQL Cluster 存储的数据表被分成四个数据片

（partition，也称作分区），编号分别为P1~P4。每一分片的数据的主副本和备份副本交叉存储在同一节点组内的两个数据节点上，如数据片P1的主副本F1存在数据节点1上，备份副本F1存在同一节点组的数据节点2上。这样的存储方式可以保证MySQL Cluster的高可用性，即只要每个节点组中的一个数据节点正常运行，集群就拥有全部数据的完整副本，从而提供数据访问服务。

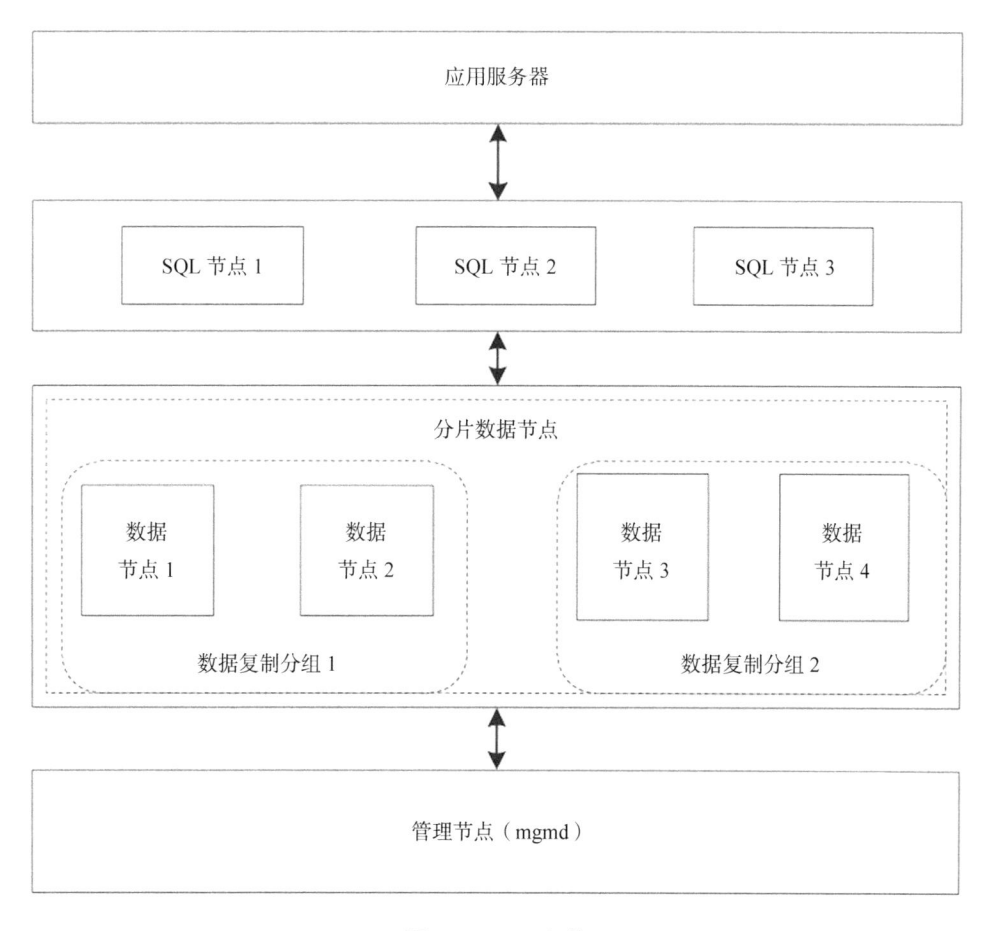

图 2.2　NDB 架构

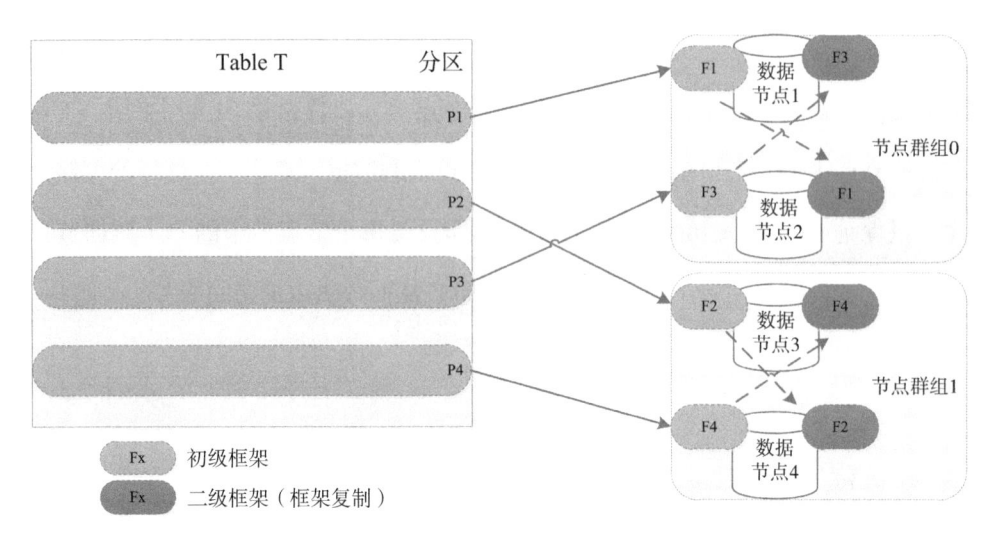

图 2.3 数据分片在数据节点中的分布

2.2 负载均衡及相关技术

2.2.1 负载均衡简介

负载均衡[49]（load balance）是集群环境中重要的技术支撑点，它将负载按照提前设定好的策略分配到多个处理单元（进程、计算机或者集群）上，进而避免单个节点过载而其他节点空闲，减少响应时间，使得集群中更多的处理单元能够协同工作以提高服务的吞吐量，提高整体资源的利用率。通常情况下，负责负载均衡的节点都会配置冗余节点以提高系统的可靠性。目前负载均衡主要通过软件、硬件两种方式实现，软件方式包括 Nginx、LVS、DNS 服务等，硬件方式如多层交换机[50]。两种实现方式对比见表2.2，本书采用软件的方式实现负载均衡。

表 2.2 软硬件负载均衡比较

特点	软件负载均衡	硬件负载均衡
优点	1. 基于特定环境，配置简单	1. 由专门的设备实现，整体性能得到大幅提高
	2. 使用灵活，成本低廉，可以满足一般的负载均衡需求	2. 硬件本身可以实现多样化的负载均衡策略和智能化的流量管理
缺点	1. 软件本身消耗系统资源	成本昂贵，需要专门人员进行管理
	2. 软件可扩展性并不是很好	
	3. 软件本身会造成安全问题	

2.2.2 负载均衡策略

负载均衡策略是根据集群的运行状态按照一定的规则动态分配负载的算法。比较经典的算法有以下几种。

1. 随机

此算法是在集群中随机选择一个 SQL 节点来处理当前请求，实现较简单。首先生成一个随机数，然后映射到相应的节点，并把请求转发到此节点。

2. 轮询

此算法假设每个请求的耗时、资源消耗及各节点的硬件配置是相同的，按顺序将新的请求分配给下一个节点从而实现请求的平均分配。然而，系统实际运行环境中，每个请求的耗时及资源消耗不会是均等的，因此轮询算法可能出现负载不均，甚至可能出现部分节点崩溃。

3. 动态轮询

这是一个动态负载均衡算法，通过对节点各项性能参数（如 CPU、内存、响应时间等）的持续监控，为不同节点动态生成权重值，然后依据权重给予不同比例的负载，有效避免了个别节点过载、过闲的问题。

4. 观察算法

该算法根据节点的连接数和响应速度计算综合权重，然后依据权重给予不同比例的负载量。

5. 一致性哈希算法 [51]

该算法有效解决了经典哈希算法中当节点数量变动时数据的重分布问题，它通过引入虚拟节点，在集群节点数量变化的情况下，仍能保持负载均匀分配。这是目前负载均衡策略中应用最为广泛的一种算法。

除此之外，在这些算法的基础上针对不同的应用场景还衍生出一系列的负载均衡算法来解决负载不均问题。

2.2.3 Nginx 服务器与 Keepalived

Nginx 服务器是由俄罗斯人 Igor Sysoev 开发的一款开源、免费、高性能的反向代理服务器[52]（Web 服务器）。Nginx 服务器的反向代理功能让需要 MySQL Cluster 提供数据服务的客户端通过统一的 IP 访问数据服务，集群对客户端应用或开发人员完全透明。Nginx 服务器在网络体系第 7 层（应用层）工作，可以针对 Web 应用做分流策略。它对网络的依赖较小，理论上只要能 ping 通即可做负载均衡。Nginx 服务器通过对请求做异步处理来减轻节点服务器的负载压力，同时可以对节点服务器进行健康检查。除此之外，Nginx 服务器也可以承担较高的负载压力且比较稳定，为 C10K[53] 问题提供了解决思路。Nginx 服务器以其高稳定性、配置简单、高并发访问及资源消耗较低赢得了广泛的国内外市场。

Keepalived 是基于 VRRP 协议的一款高可用开源软件[54]。VRRP 是 virtual router redundancy protocol（虚拟路由冗余协议）的缩写，VRRP 的出现解决了静态路由的单点故障问题。它能保证当个别节点宕机时，整个网络可以不间断地运行。所以，Keepalived 一方面具有配置管理 Nginx 服务器的功能，同时还具有对 Nginx 服务器下面节点进行健康检查的功能；另一方面也可以实现系统网络服务的高可用功能。其工作流程为：在 Keepalived 服务工作时，主节点会不断地向备节点发送（多播的方式）心跳消息告知备节点自己还活着。当主节点发生故障时，就无法发送心跳的消息了，备节点也因此无法继续检测到来自主节点的心跳。于是就会调用自身的接管程序，接管主节点的 IP 资源和服务。当主节点恢复时，备节点又会释放主节点故障时接管的 IP 资源和服务,恢复到原来的备用角色。

本书采用 Nginx 服务器来实现 MySQL Cluster 中 SQL 节点的负载均衡,同时加入 Keepalived 以解决 Nginx 反向代理服务器单点故障问题,实现了整个集群的高可用。

2.3 壁画数据库集群设计与实现

2.3.1 集群的设计

修复壁画时,要先进行壁画的分割和脱落区域的标定,每次都需要读取上次修复后的结果,因此在修复的过程中存在大量并发的读写操作。鉴于此,本书设计了两个管理节点、四个数据节点、三个 SQL 节点。各节点 IP 分配见表 2.3。

表 2.3 集群中各节点 IP 分配

节点名称	节点 IP	节点角色
MGM_1	192.168.2.200	管理节点
MGM_2	192.168.2.201	管理节点
NDB1	192.168.2.210	数据节点
NDB2	192.168.2.211	数据节点
NDB3	192.168.2.212	数据节点
NDB4	192.168.2.213	数据节点
SQL1	192.168.2.220	SQL 节点
SQL2	192.168.2.221	SQL 节点
SQL3	192.168.2.222	SQL 节点

2.3.2 集群的搭建

集群中的各类节点都依托于 CentOS 7 系统，由于在壁画数据管理系统中的数据库表中使用了外键约束，而 MySQL 集群自 7.3 版本起才支持外键，故本书采用最新的基于 MySQL 5.7 的 mysql-cluster-gpl-7.6.8 版本搭建壁画数据库集群。各类节点的安装配置如下。

1. SQL 节点的安装与配置

SQL 节点即普通的 MySQL 数据库节点。其安装与 MySQL 数据库的安装相同，不再赘述。在配置时需要明确指出存储引擎及集群管理节点的 IP 地址。配置信息如图 2.4 所示，所有 SQL 节点执行相同操作进行安装与配置。

```
[root@localhost ~]# cat /etc/my.cnf
[mysqld]
basedir=/usr/local/mysql
datadir=/usr/local/mysql/data
ndbcluster

[mysql_cluster]
ndb-connectstring=192.168.2.200,192.168.2.201
[root@localhost ~]#
```

图 2.4 SQL 节点的配置信息

2. 数据节点的安装与配置

数据节点的安装只需将安装包中的 ndbd 或 ndbtd 服务程序复制到指定目录即可，安装步骤如下。

（1）解压二进制包到 /usr/local/mysql；

（2）在 /usr/local 下创建目录 mysql-cluster，其下创建目录 data；

（3）复制 ./mysql/bin/ndbd 和 ndbmtd 到 /usr/local/mysql-cluster 下；

（4）赋予 ndbd、ndbmtd 可执行权限；

$$chmod + x\ ndbd$$

$$chmod + x\ ndbmtd$$

（5）删除二进制包解压目录 mysql。

安装完成后，配置数据节点，配置内容如图 2.5 所示，所有数据节点执行相同操作。

```
[root@localhost ~]# cat /etc/my.cnf
[mysqld]
datadir=/usr/local/mysql-cluster/data
ndbcluster

[mysql_cluster]
ndb-connectstring=192.168.2.200,192.168.2.201
[root@localhost ~]#
```

图 2.5　数据节点的配置内容

3. 管理节点的安装与配置

安装步骤如下。

（1）解压二进制包到 /usr/local/mysql；

（2）在 /usr/local 下创建目录 mysql-cluster，其下创建目录 data、config；

（3）复制 ./mysql/bin/ndb_mgmd 和 ndb_mgm 到 /usr/local/mysql-cluster 下；

（4）赋予 ndb_mgmd、ndb_mgm 可执行权限；

$$chmod + x\ ndb\_mgmd$$

chmod + x ndb_mgm

（5）删除二进制包解压目录 mysql。

管理节点是整个集群的"大脑"，其配置相对较多，配置内容如图 2.6 所示，各管理节点执行相同的操作。

```
[root@localhost ~]# cat config.ini
# TCP PARAMETERS
[tcp default]
SendBufferMemory=2M
ReceiveBufferMemory=2M

[ndb_mgmd default]
DataDir=/usr/local/mysql-cluster/data

[ndb_mgmd]
HostName=192.168.2.200

[ndb_mgmd]
HostName=192.168.2.201

# DATA NODE PARAMETERS
[ndbd default]
NoOfReplicas=3

ServerPort=2202

[ndbd]
HostName=192.168.2.210
NodeId=3

[ndbd]
HostName=192.168.2.211
NodeId=4

[ndbd]
HostName=192.168.2.212
NodeId=5

[mysqld]

[mysqld]
```

图 2.6　管理节点的配置内容

4. 集群的启动与停止

集群的启动顺序及命令如下。

1）mgmd[mgmNode]：./ndb_mgmd [--initial] -f /usr/local/mysql-cluster/config/config.ini - --configdir=/usr/local/mysql-cluster/config-cache；

2）ndbd[dataNode]：./ndbd [--initial]；

3）mysqld[sqlNode]：./support-files/mysql.server start。

管理节点和数据节点在首次启动时，添加 initial 参数。集群的停止顺序及命令如下：

1）mysqld[sqlNode]：./support-files/mysql.server stop；

2）ndbd 和 ndb_mgmd：./ndb_mgm –e shutdown。

2.4 壁画数据库集群测试

2.4.1 数据一致性

集群数据一致性主要是指在任一 SQL 节点插入数据或更新数据时，其他的 SQL 节点都能够实时查询到插入或更新后的数据。本章通过在 SQL1 节点插入数据，在 SQL2 节点上查看数据是否同步来验证数据的一致性。测试结果如图 2.7 所示。

第 2 章　壁画数据库集群设计与实现

```
[root@localhost mysql]# ./bin/mysql -uroot -p
Enter password:
Welcome to the MySQL monitor.  Commands end with ; or \g.
Your MySQL connection id is 5
Server version: 5.7.24-ndb-7.6.8-cluster-gpl MySQL Cluster Community Server (GPL)

Copyright (c) 2000, 2018, Oracle and/or its affiliates. All rights reserved.

Oracle is a registered trademark of Oracle Corporation and/or its
affiliates. Other names may be trademarks of their respective
owners.

Type 'help;' or '\h' for help. Type '\c' to clear the current input statement.

mysql> use test;
Reading table information for completion of table and column names
You can turn off this feature to get a quicker startup with -A

Database changed
mysql> insert into user values(null,"test999");
Query OK, 1 row affected (0.01 sec)
```

```
[root@localhost mysql]# ./bin/mysql -uroot -p
Enter password:
Welcome to the MySQL monitor.  Commands end with ; or \g.
Your MySQL connection id is 5
Server version: 5.7.24-ndb-7.6.8-cluster-gpl MySQL Cluster Community Server (GPL)

Copyright (c) 2000, 2018, Oracle and/or its affiliates. All rights reserved.

Oracle is a registered trademark of Oracle Corporation and/or its
affiliates. Other names may be trademarks of their respective
owners.

Type 'help;' or '\h' for help. Type '\c' to clear the current input statement.

mysql> use test;
Reading table information for completion of table and column names
You can turn off this feature to get a quicker startup with -A

Database changed
mysql> select * from user;
+----+---------+
| id | name    |
+----+---------+
|  1 | hello   |
|  2 | test999 |
+----+---------+
2 rows in set (0.00 sec)
```

图 2.7　数据一致性测试结果

从测试结果可看出，在 SQL1 节点插入一条数据到 user 表中后，立即在 SQL2 节点上查询，即可查询到刚刚插入的数据，从而证明了集群的数据一致性符合要求。

2.4.2　高可用性

集群的高可用性主要是指不存在单点故障，可以不间断地提供数据服务，故笔者依次测试了三类节点发生故障时是否可以提供数据的服务。各类节点测试结果如图 2.8~图 2.10 所示。

图 2.8 管理节点故障测试结果

```
mgm_1  mgm_2  data_1  data_2  data_3  sql_1  sql_2
ndb_mgm> show
Connected to Management Server at: localhost:1186
Cluster Configuration
---------------------
[ndbd(NDB)]     3 node(s)
id=3    @192.168.2.210  (mysql-5.7.24 ndb-7.6.8, Nodegroup: 0, *)
id=4    @192.168.2.211  (mysql-5.7.24 ndb-7.6.8, starting, Nodegroup: 0)
id=5    @192.168.2.212  (mysql-5.7.24 ndb-7.6.8, Nodegroup: 0)

[ndb_mgmd(MGM)] 2 node(s)
id=1    @192.168.2.200  (mysql-5.7.24 ndb-7.6.8)
id=2    @192.168.2.201  (mysql-5.7.24 ndb-7.6.8)

[mysqld(API)]   3 node(s)
id=6    @192.168.2.220  (mysql-5.7.24 ndb-7.6.8)
id=7    @192.168.2.221  (mysql-5.7.24 ndb-7.6.8)
id=8 (not connected, accepting connect from any host)

ndb_mgm> Node 4: Started (version 7.6.8)
Node 4: Node shutdown completed. Initiated by signal 15.

ndb_mgm> show
Cluster Configuration
---------------------
[ndbd(NDB)]     3 node(s)
id=3    @192.168.2.210  (mysql-5.7.24 ndb-7.6.8, Nodegroup: 0, *)
id=4 (not connected, accepting connect from 192.168.2.211)
id=5    @192.168.2.212  (mysql-5.7.24 ndb-7.6.8, Nodegroup: 0)

[ndb_mgmd(MGM)] 2 node(s)
id=1    @192.168.2.200  (mysql-5.7.24 ndb-7.6.8)
id=2    @192.168.2.201  (mysql-5.7.24 ndb-7.6.8)

[mysqld(API)]   3 node(s)
id=6    @192.168.2.220  (mysql-5.7.24 ndb-7.6.8)
id=7    @192.168.2.221  (mysql-5.7.24 ndb-7.6.8)
id=8 (not connected, accepting connect from any host)
```

```
data_1  data_2  data_3  mgm_1  mgm_2  sql_1  sql_2
[root@localhost mysql]# ./bin/mysql -uroot -p
Enter password:
Welcome to the MySQL monitor.  Commands end with ; or \g.
Your MySQL connection id is 7
Server version: 5.7.24-ndb-7.6.8-cluster-gpl MySQL Cluster Community Server (GPL)

Copyright (c) 2000, 2018, Oracle and/or its affiliates. All rights reserved.

Oracle is a registered trademark of Oracle Corporation and/or its
affiliates. Other names may be trademarks of their respective
owners.

Type 'help;' or '\h' for help. Type '\c' to clear the current input statement.

mysql> select * from test.user;
+----+---------+
| id | name    |
+----+---------+
|  1 | hello   |
|  2 | test999 |
+----+---------+
2 rows in set (0.01 sec)
```

图 2.9 数据节点故障测试结果

```
ndb_mgm> show
Cluster Configuration
---------------------
[ndbd(NDB)]     3 node(s)
id=3    @192.168.2.210  (mysql-5.7.24 ndb-7.6.8, Nodegroup: 0, *)
id=4 (not connected, accepting connect from 192.168.2.211)
id=5    @192.168.2.212  (mysql-5.7.24 ndb-7.6.8, Nodegroup: 0)

[ndb_mgmd(MGM)] 2 node(s)
id=1    @192.168.2.200  (mysql-5.7.24 ndb-7.6.8)
id=2    @192.168.2.201  (mysql-5.7.24 ndb-7.6.8)

[mysqld(API)]   3 node(s)
id=6    @192.168.2.220  (mysql-5.7.24 ndb-7.6.8)
id=7    @192.168.2.221  (mysql-5.7.24 ndb-7.6.8)
id=8 (not connected, accepting connect from any host)

ndb_mgm> show
Cluster Configuration
---------------------
[ndbd(NDB)]     3 node(s)
id=3    @192.168.2.210  (mysql-5.7.24 ndb-7.6.8, Nodegroup: 0, *)
id=4    @192.168.2.211  (mysql-5.7.24 ndb-7.6.8, starting, Nodegroup: 0)
id=5    @192.168.2.212  (mysql-5.7.24 ndb-7.6.8, Nodegroup: 0)

[ndb_mgmd(MGM)] 2 node(s)
id=1    @192.168.2.200  (mysql-5.7.24 ndb-7.6.8)
id=2    @192.168.2.201  (mysql-5.7.24 ndb-7.6.8)

[mysqld(API)]   3 node(s)
id=6 (not connected, accepting connect from any host)
id=7    @192.168.2.221  (mysql-5.7.24 ndb-7.6.8)
id=8 (not connected, accepting connect from any host)
```

```
[root@localhost mysql]# ./bin/mysql -uroot -p
Enter password:
Welcome to the MySQL monitor.  Commands end with ; or \g.
Your MySQL connection id is 7
Server version: 5.7.24-ndb-7.6.8-cluster-gpl MySQL Cluster Community Server (GPL)

Copyright (c) 2000, 2018, Oracle and/or its affiliates. All rights reserved.

Oracle is a registered trademark of Oracle Corporation and/or its
affiliates. Other names may be trademarks of their respective
owners.

Type 'help;' or '\h' for help. Type '\c' to clear the current input statement.

mysql> select * from test.user;
+----+---------+
| id | name    |
+----+---------+
|  2 | test999 |
|  1 | hello   |
+----+---------+
2 rows in set (0.01 sec)
```

图 2.10 SQL 节点故障测试结果

从上述的测试结果可以看出，无论集群中哪类节点发生故障，都不会影响集群的数据服务，从而说明了壁画数据库集群的高可用性。

2.4.3 高并发性

本节使用 MySQL 自带的压力测试工具 mysqlslap 进行集群的并发读写压力测试，每个 mysqlslap 进程模拟 100 个用户（100 个并发线程），执行自定义存储过程，插入 1000 条数据，每个线程调用 5 次存储过程，插入 500 万条记录。分别测试 2 个和 3 个数据节点在并发插入数据时的响应时间，测试结果如图 2.11 所示。

```
[root@localhost bin]# ./mysqlslap --concurrency=100 --iterations=1 --create-schema=test --query='call test.p_test;' --number-of-queries=500 --host 127.0.0.1 -u root -p
Enter password:
Benchmark
        Average number of seconds to run all queries: 565.268 seconds
        Minimum number of seconds to run all queries: 565.268 seconds
        Maximum number of seconds to run all queries: 565.268 seconds
        Number of clients running queries: 100
        Average number of queries per client: 5

[root@localhost bin]# ./mysqlslap --concurrency=100 --iterations=1 --create-schema=test --query='call test.p_test;' --number-of-queries=500 --host 127.0.0.1 -u root -p
Enter password:
Benchmark
        Average number of seconds to run all queries: 415.491 seconds
        Minimum number of seconds to run all queries: 415.491 seconds
        Maximum number of seconds to run all queries: 415.491 seconds
        Number of clients running queries: 100
        Average number of queries per client: 5
```

图 2.11 高并发测试结果

从测试结果可以得出，集群对高并发的支持及在增加一个数据节点后，响应时间从 565s 降到 415s。

2.5 本章小结

本章主要介绍了壁画数据库集群用到的相关技术，从集群的可用性、高性能及易用性等方面分析了 MySQL Cluster 的特点、体系结构及其 NDB 存储引擎对数据的分片存储方式，阐述了集群中实现负载均衡的方式及一些经典负载均衡算法。接着介绍了本课题集群中实现负载均衡的方式 Nginx 服务器与 Keepalived 组合，在实现负载均衡的同时避免了单点故障，达到了集群高可用的要求，为后续章节的研究提供了技术支持，最后完成了壁画数据库集群的搭建及测试。

第 3 章　寺观壁画脱落病害的自动标定

  本书针对开化寺宋代寺观壁画存在的脱落病害侵蚀问题，提出了一种融合阈值分割的改进的区域生长算法（region growing algorithm fusing threshold segmentation，TS-RG）自动标定壁画的脱落病害。首先，分析脱落区域的颜色特征，通过阈值分割标注疑似脱落点并以这些点为种子点进行区域生长，扩展脱落区域，计算颜色掩码；然后，在 YcbCr、HSV 颜色空间分析脱落区域的亮度、色度、饱和度特征，通过阈值分割得到脱落区域的亮度、色度、饱和度掩码，并将各个特征掩码进行融合；最后，将融合得到的脱落区域掩码与原图进行加运算，实现脱落病害的标定。通过与现有壁画病害标定算法进行对比，实验结果表明，本书提出的标定算法的标定效果更好，为古代壁画的虚拟和实际修复奠定了良好的基础。

3.1 壁画脱落病害分类

寺观壁画的依附体（支撑体）通常为寺庙的墙壁或岩体，而古代寺庙的墙壁或岩体表面大多是坑坑洼洼、凹凸不平的，为了保证绘画的效果，古人在支撑体和绘画层（也称"颜料层"）之间增加了一层由白灰泥粉刷成的厚约1毫米的壁画表层，称为地仗层（基础层）。寺观壁画的整体结构如图3.1所示。

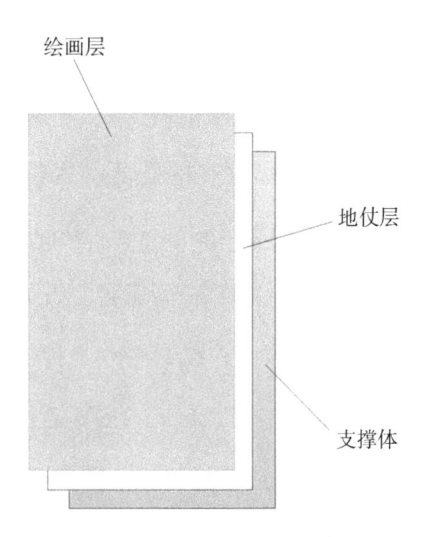

图 3.1 寺观壁画结构图

对获取到的壁画图像进行分析后，笔者发现，比较严重的病害是脱落病害，而且脱落区域的面积都比较大，脱落的程度也各不相同，脱落病害对寺观壁画内容影响较大。本书根据各寺观壁画的脱落程度，将壁画的脱落病害分为两类：绘画层脱落和地仗层脱落。绘画层脱落为浅层脱落，即脱落后裸露出壁画的地仗层部分；而地仗层脱落为深层脱落，即绘画层和地仗层都发生了脱落，裸露出壁画的支撑体部分。图3.2（另见文后彩图）中展示了两类脱落病害，其中黑色框标出的部分为脱落区域。

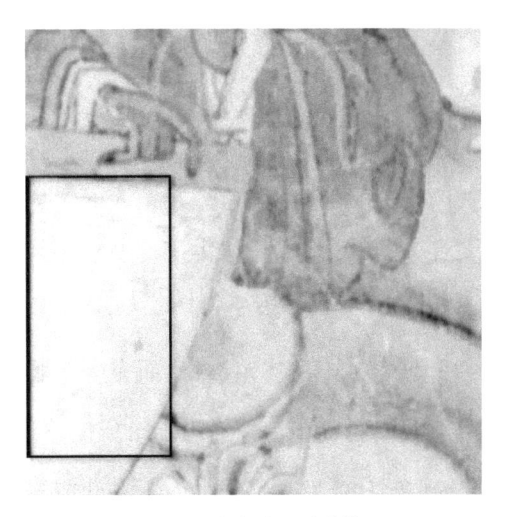

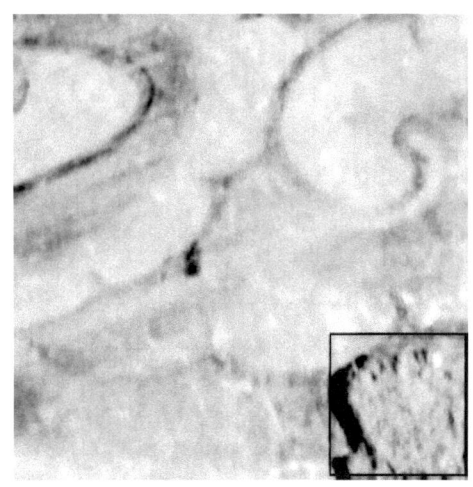

（a）绘画层脱落　　　　　　　　（b）地仗层脱落

图3.2　壁画脱落病害示例（另见文后彩图）

3.2　绘画层脱落病害自动识别及标定

寺观壁画的脱落区域没有明显的形状、纹理特征，故只能从脱落后裸露出的地仗层特征方面入手实现标定。由于地仗层由白灰泥涂抹而成，颜色接近白色，其亮度和灰度值较高。对于绘画层脱落病害的识别与标定，相对容易，本书使用阈值分割法对其进行识别。将图像从RGB颜色空间转到YcbCr颜色空间[55, 56]，利用灰度直方图法，分别获得完好的壁画图像和纯地仗层图像的亮度值范围，进而确定绘画层脱落区域的阈值范围；然后利用式（3.1）进行阈值分割，计算脱落区域掩码，最后将掩码与待标定图像进行加运算，实现绘画层脱落病害的识别和标定。

$$M_{\text{mask}} = \begin{cases} 255, & \tau_l \leqslant S_i \leqslant \tau_t \\ 0, & \text{other} \end{cases} \quad (3.1)$$

式中，M_{mask} 为脱落区域的掩码，S_i 为待标定图像在 YcbCr 空间的 Y 分量像素值，τ_l、τ_t 为脱落区域的阈值上下限，灰度直方图的计算结果如图 3.3 所示（另见文后彩图）。

通过反复实验发现，纯地仗层图像的亮度值分布于 187~221，而完好壁画图像的绘画层亮度值集中分布于 78~174。因此，可以将亮度值范围 187~221 作为亮度分割阈值，将亮度在此范围内的像素点标记为脱落区域，而不在此范围的像素点则不做标记。

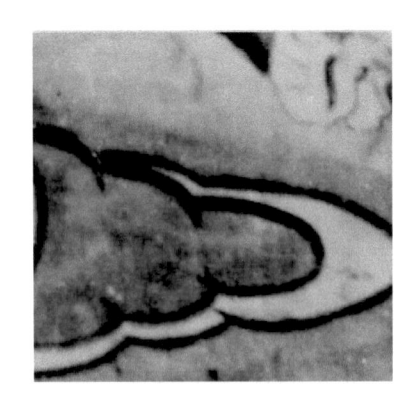

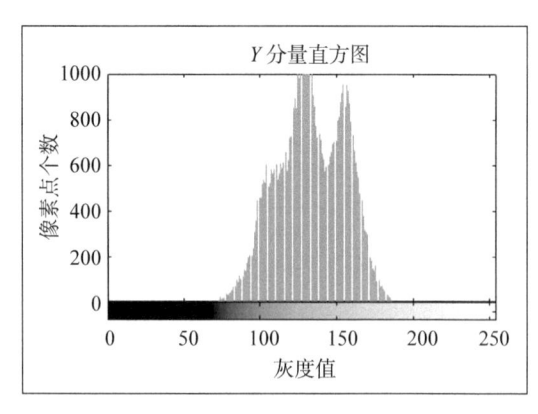

（a）绘画层图像　　　　　　　　（b）绘画层亮度直方图

(c) 地仗层图像　　　　　　　　　　(d) 地仗层亮度直方图

图 3.3　地仗层与绘画层亮度直方图（另见文后彩图）

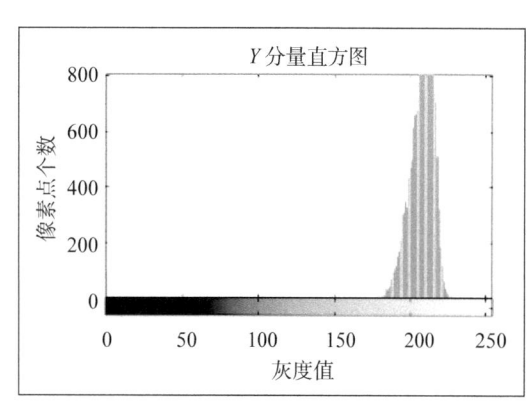

3.3　地仗层脱落病害自动识别及标定

3.3.1　TS-RG 算法

区域生长是依据提前规定的原则把像素或子区域合并成更大的区域，区域生长算法对种子点极为敏感。为了提高掩码计算的准确性，TS-RG 算法将彩色壁画图像的 RGB 各通道分离，用 3×3 的窗口进行中值滤波处理，然后在各通道分别进行阈值分割确定种子点，进行多种子点区域生长，合并八邻域内特征相似度满足条件的点，直到所有像素点都已处理，最后合并各通道区域生长结果。算法步骤如下。

输入：待标定彩色图像 I，RGB 各通道灰度变化范围 G，RGB 各通道区域生长门限值 T。

输出：待标定图像颜色掩码 M_{mask}。

（1）分离待标定图像的 RGB 各通道。

（2）对各通道进行 3×3 中值滤波、合并，得到中值滤波后的图像 I_filter。

（3）阈值分割：根据 RGB 各通道灰度变化范围 G，标定像素点灰度值，将在 G 范围内的像素点灰度值置为 255，其他置为 0，得到阈值分割后的图像 I_out。

（4）确定种子点 (x_i, y_i)：将灰度值为 255 的像素点确定为区域生长算法的种子点。

（5）将 $I\_fileter$，(x_i, y_i)，T 作为输入参数进行区域生长：计算每个种子点 (x_i, y_i) 附近八邻域内像素点的灰度值与已扩展区域像素点灰度值均值的差的最小值 min。

（6）对于每个种子点 (x_i, y_i)，如果 min < T，则将该像素点加入已扩展像素点队列，像素值置为 255；否则，区域生长停止，得到掩码。

（7）重复（5）~（6），对 R、G、B 三通道分别进行区域生长，得到各通道的掩码。

（8）各通道掩码进行融合，得到待标定图像的颜色掩码 M_{mask}。

TS-RG 算法流程如图 3.4 所示。

第 3 章 寺观壁画脱落病害的自动标定

图 3.4 TS-RG 算法流程图

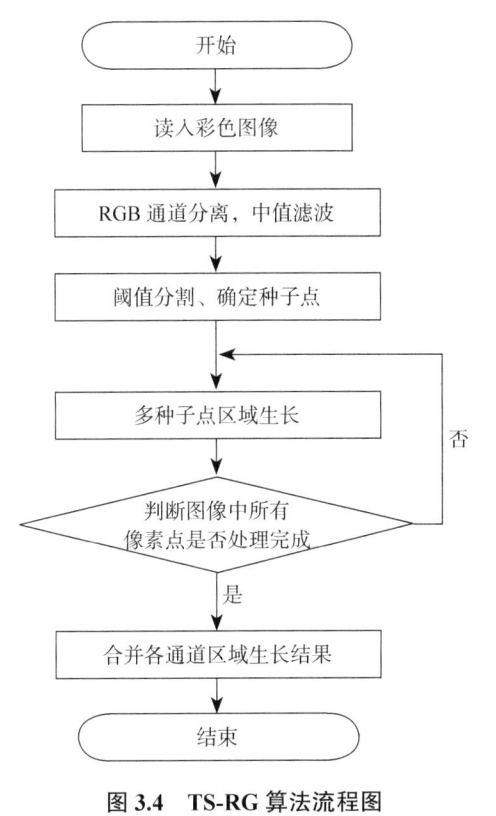

3.3.2 基于 TS-RG 算法的地仗层脱落病害自动识别及标定

在对壁画的绘画层病害标定之后，最关键的是识别和标定较为复杂的地仗层病害，地仗层脱落后裸露的支撑体部分颜色并不像地仗层那样明显单一，仅凭 3.2 节所使用的亮度特征进行阈值分割根本无法对其进行准确标定，所以需要综合分析脱落区域的色度、饱和度、颜色等特征，利用本书提出的 TS-RG 算法实现标定。基于 TS-RG 的壁画地仗层病害自动标定方法的流程如图 3.5 所示。

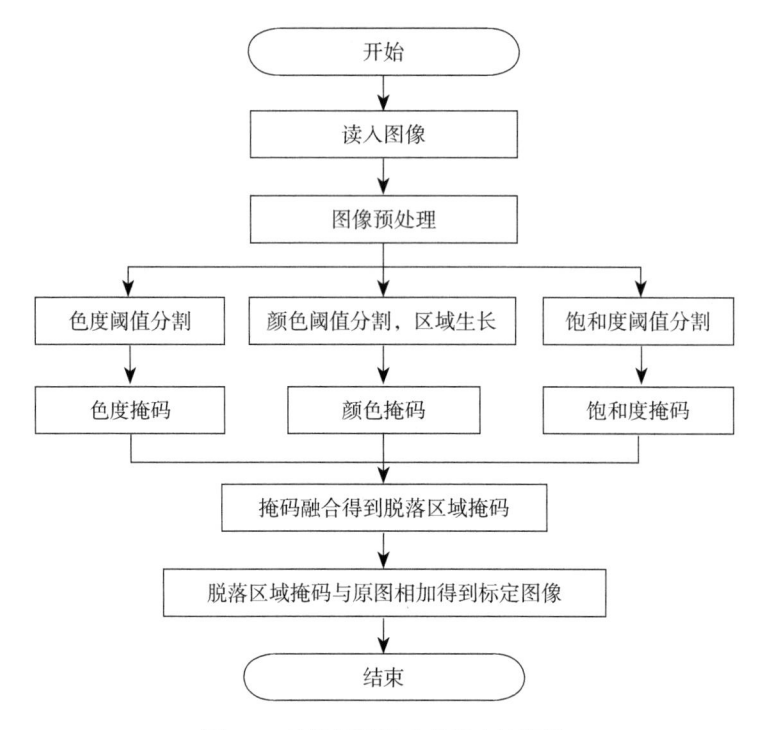

图 3.5 地仗层脱落病害标定流程图

1. 颜色掩码

对于地仗层脱落病害问题，由于脱落后露出的是壁画的支撑体部分，而宋代寺观壁画的支撑体大多为墙壁，其表层以泥土为主，这使得脱落区域的颜色绝大部分呈现淡黄色，颜色特征较突出。由此可以将脱落区域的颜色范围设定为

$$\begin{cases} 183 \leqslant I_r \leqslant 200 \\ 159 \leqslant I_g \leqslant 176 \\ 128 \leqslant I_b \leqslant 146 \end{cases} \quad (3.2)$$

式中，I_r、I_g、I_b 分别表示红色、绿色、蓝色分量。利用 TS-RG 算法对壁画地仗层脱落区域颜色掩码的提取步骤如下。

（1）使用 3×3 的窗口对图像 R、G、B 三个通道分别进行中值滤波处理。

（2）遍历图像，找出满足式（3.2）的点，计算其在图像中的位置 (x_i, y_i)。

（3）根据式（3.3）计算壁画地仗层脱落病害的区域生长和停止准则。

$$|f_k(m,n)-M|_{\min} \leqslant \tau, \quad k=1,2,\cdots,8 \qquad (3.3)$$

式中，$M=\dfrac{\sum_{i=1}^{N}f_i(m,n)}{N}$（$N$ 为已扩展像素点的数量）为已扩展区域的平均像素值，$f_k(m,n)$ 为像素点 (m,n) 附近八个方向像素点的值，τ 为区域生长的门限值。

对多幅地仗层脱落图像各通道的直方图进行分析可发现，R 通道的峰值变化范围为 0~0.1132，故 τ_r 取值 0.1132；同理得到 τ_g、τ_b 分别取值 0.0938、0.0899。

（4）利用（2）中得到的点作为生长点，τ_r、τ_g、τ_b 分别作为各通道的门限值进行区域生长，获得各通道的掩码 R_{mask}、G_{mask}、B_{mask}，并根据式（3.4）对各通道的掩码进行运算获得最终颜色掩码 H_{mask}。

$$H_{\text{mask}} = R_{\text{mask}} \oplus G_{\text{mask}} \oplus B_{\text{mask}} \qquad (3.4)$$

2. 色度掩码

由于颜色特征在整幅图片中变化较大，而且一些支撑体上除泥土外还存在其他杂质，因此仅使用颜色掩码无法对这些病害区域进行正确标定。鉴于 YCrCb 颜色空间具有离散性、与人的视觉感知存在同一性、其亮度和色度分离等特性，更适合用在色彩分析方面。因此本书在获取壁画图像色度掩码时，首先根据式（3.5）将壁画图像的颜色空间从 RGB 空间转换到 YCrCb 颜色空间。

$$\begin{bmatrix} Y \\ C_b \\ C_r \end{bmatrix} = \begin{bmatrix} 65.481 & 128.553 & 24.966 \\ -39.797 & -74.203 & 112 \\ 112 & -93.786 & -18.214 \end{bmatrix} \times \begin{bmatrix} R \\ G \\ G \end{bmatrix} + \begin{bmatrix} 16 \\ 128 \\ 128 \end{bmatrix} \quad (3.5)$$

然后，根据脱落区域和完好区域的色度 C_b、C_r 分布范围不同，对脱落区域进行识别和标定。同样选取一组仅有的仗层脱落区域的图像 f_n 和完好图像 f_c 分别统计其色度直方图并分析其阈值 τ_c，如图 3.6 所示（另见文后彩图）。

通过多次实验发现，当 C_r 和 C_b 取值分别为 142 和 118 时，可以将脱落区域和完好区域区分开。因此将其作为求色度掩码的阈值 τ_{cr}、τ_{cb}。设待标定的图像为 f_{bi}，其色度分别用 C_{bi}、C_{ri} 表示。则 f_{bi} 的色度掩码 C_{mask} 为

$$C_{mask} = \begin{cases} 255, & \tau_{cb} \leqslant C_{bi} \wedge \tau_{cr} \leqslant C_{ri} \\ 0, & \text{other} \end{cases} \quad (3.6)$$

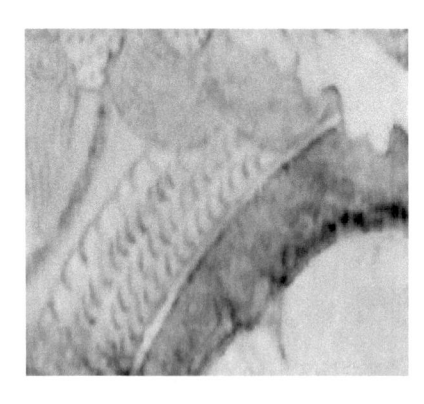

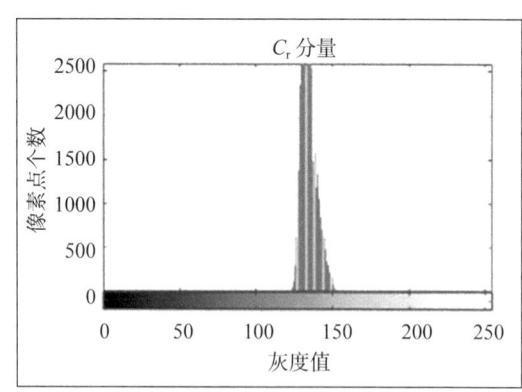

（a）完好壁画图像　　　　　　（b）完好壁画色度直方图

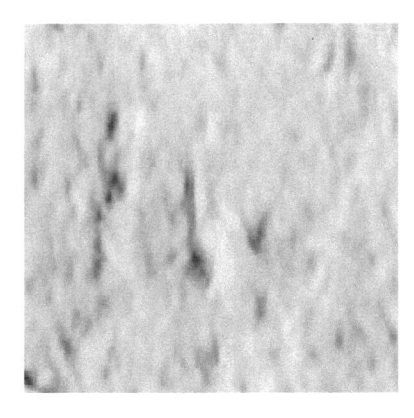

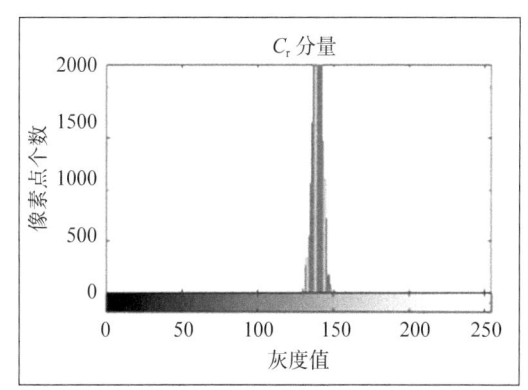

（c）地仗层脱落区域图像　　　　　　　（d）地仗层脱落区域色度直方图

图 3.6　色度直方图对比（另见文后彩图）

3. 饱和度掩码

由于 HSV 空间能够直观地表达色彩的明暗、色调、鲜艳程度，而且方便进行颜色之间的对比，也方便情感的传达[57,58]，本章在获取饱和度掩码时，就首先将待标定的图像从 RGB 空间转换到 HSV 空间，然后使用与色度掩码确定相同的方法获取图像的饱和度阈值，τ_s 为 0.2012 时，可以将脱落区域和完好部分区分开。根据式（3.7）计算得到壁画图像的饱和度掩码 S_{mask} 为

$$S_{\text{mask}} = \begin{cases} 255, & S_i \leqslant \tau_s \\ 0, & S_i > \tau_s \end{cases} \quad (3.7)$$

4. 各特征掩码融合及脱落区域标定

由于在获取脱落区域掩码时仅用色度或者饱和度中某一种特征掩码时，会出现标定区域过多的现象，将完好区域中色度、饱和度与阈值相近的完好区域

也标定了，而仅用颜色特征将导致脱落区域灰度变化较大的部分不能被标定。因此为了兼顾颜色、色度、饱和度掩码三者中至少两者的信息，使标定更精确，本章将提取的颜色、色度、饱和度掩码 H_{mask}、C_{mask}、S_{mask} 按式（3.8）运算得到最终脱落区域的掩码 M_{mask}。

$$M_{\text{mask}} = H_{\text{mask}} \otimes C_{\text{mask}} \oplus H_{\text{mask}} \otimes S_{\text{mask}} \oplus C_{\text{mask}} \otimes S_{\text{mask}} \qquad (3.8)$$

接着将 M_{mask} 与原待标定图按式（3.9）运算，实现脱落区域的自动标定。

$$f = f_{\text{b}} \oplus M_{\text{mask}} \qquad (3.9)$$

3.4　实验结果与分析

笔者基于Matlab2016平台进行仿真实验，针对开化寺宋代寺观壁画两类不同程度的脱落病害分别进行了实验。

3.4.1　绘画层脱落自动标定实验

绘画层脱落病害，脱落区域比较明显，笔者选取开化寺宋代壁画图像中存在绘画层脱落病害的图像按照3.2节的阈值分割方法进行实验，其结果如图3.7所示（另见文后彩图）。

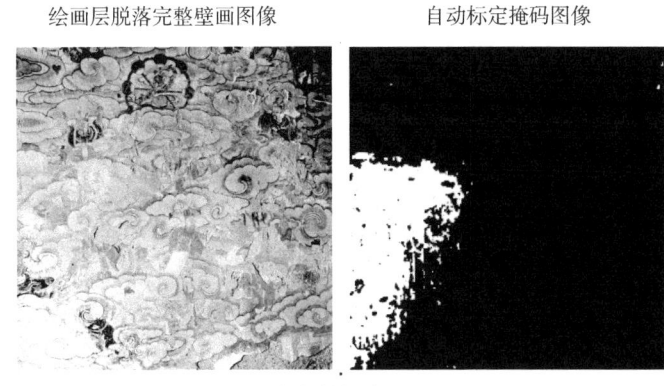

第3章 寺观壁画脱落病害的自动标定

绘画层脱落完整壁画图像　　　自动标定掩码图像

（a）整幅壁画

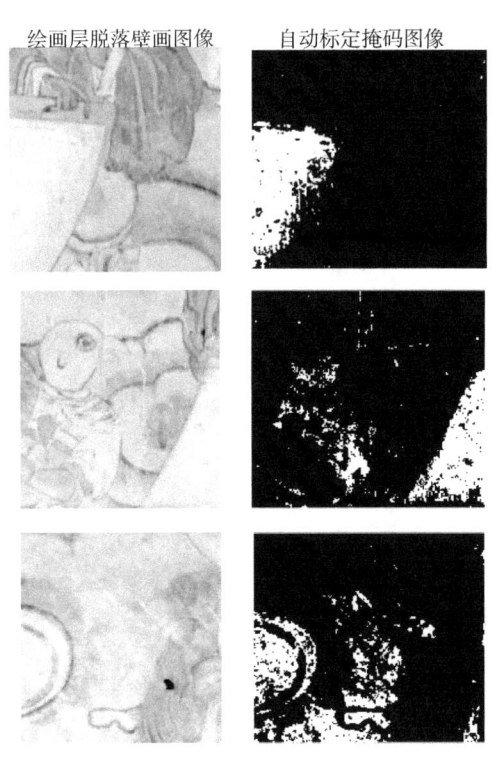

绘画层脱落壁画图像　　　自动标定掩码图像

（b）壁画局部区域

图 3.7　绘画层脱落病害自动识别和标定示例（另见文后彩图）

· 49 ·

从图 3.7 中的标定结果可以看出，采用阈值分割法标定绘画层脱落病害时，即使待标定图像中的褪色区域非常小也可以被标定，整体标定的效果理想，没有出现错误的标定区域，达到了预期的效果。

3.4.2 地仗层脱落自动标定实验

利用本书提出的 TS-RG 算法对开化寺宋代存在地仗层脱落病害的壁画图像进行自动标定的实验结果如图 3.8 所示（另见文后彩图）。

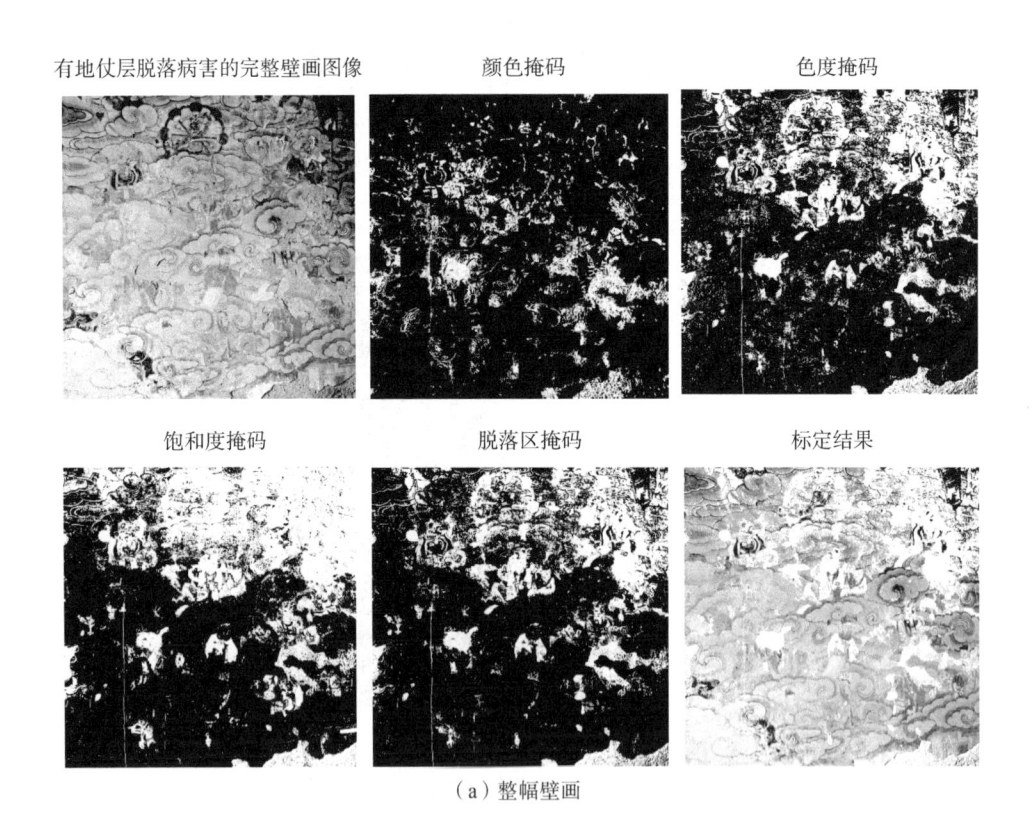

有地仗层脱落病害的完整壁画图像　　颜色掩码　　色度掩码

饱和度掩码　　脱落区掩码　　标定结果

（a）整幅壁画

第3章 寺观壁画脱落病害的自动标定

（b）壁画局部区域

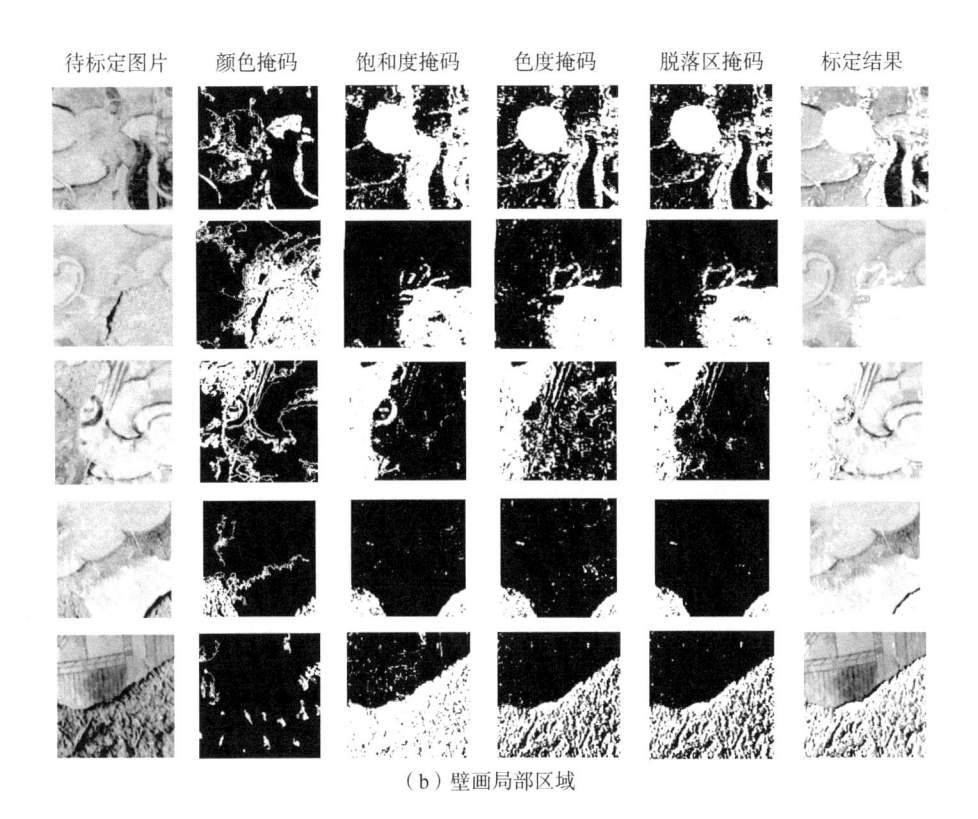

图 3.8 地仗层脱落病害自动识别和标定示例（另见文后彩图）

从图 3.8 可以看出，对壁画地仗层脱落病害的标定，仅利用饱和度、色度产生的掩码存在过多标定的问题，而仅使用颜色特征产生的掩码则存在标定不足的缺陷，所以仅仅使用单一特征来进行标定误差较大，无法满足标定精确度的要求。本书将三个掩码进行融合，使得被标定的脱落区域至少符合颜色、饱和度、色度中的任意两个要求，此时标定的脱落区域相较于利用单个特征标定的结果更加准确，用户的满意度会更高。

· 51 ·

为了进一步验证本书方法的有效性，本书针对图 3.8 中的实验图像，分别采用文献 [33]、文献 [34] 中提出的方法和本书提出的方法进行了病害区域标定实验，实际结果及比对效果如图 3.9 所示（另见文后彩图）。

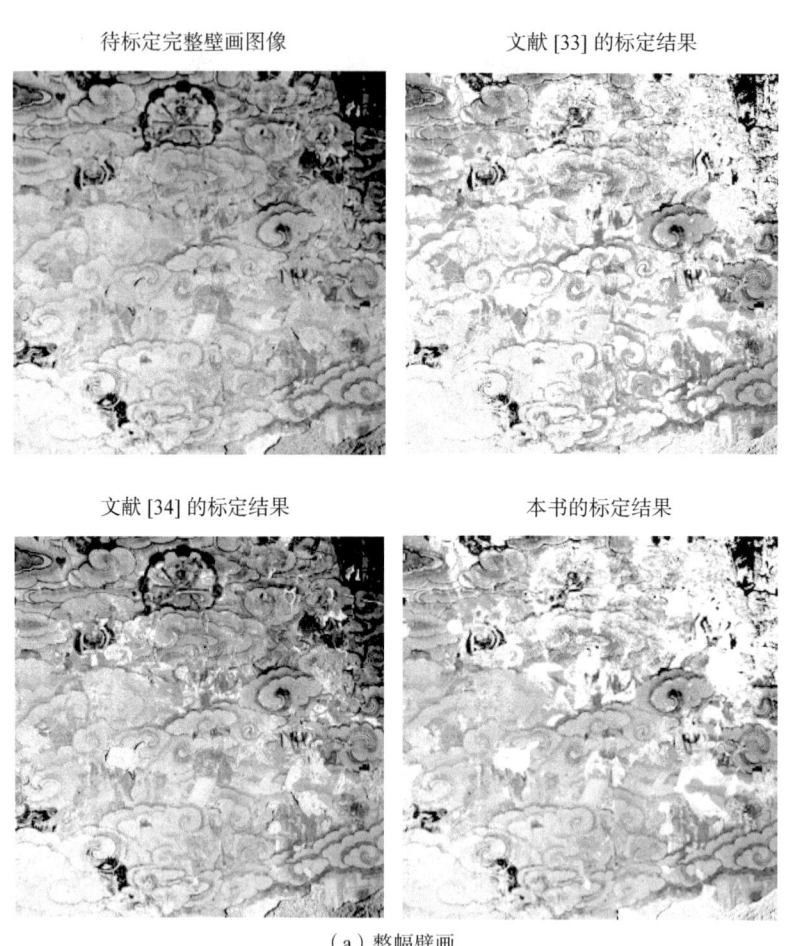

待标定完整壁画图像　　　　　　　　文献 [33] 的标定结果

文献 [34] 的标定结果　　　　　　　　本书的标定结果

（a）整幅壁画

第 3 章 寺观壁画脱落病害的自动标定

待标定图像　　文献 [33] 的标定结果　文献 [34] 的标定结果　本书的标定结果

（b）壁画局部区域

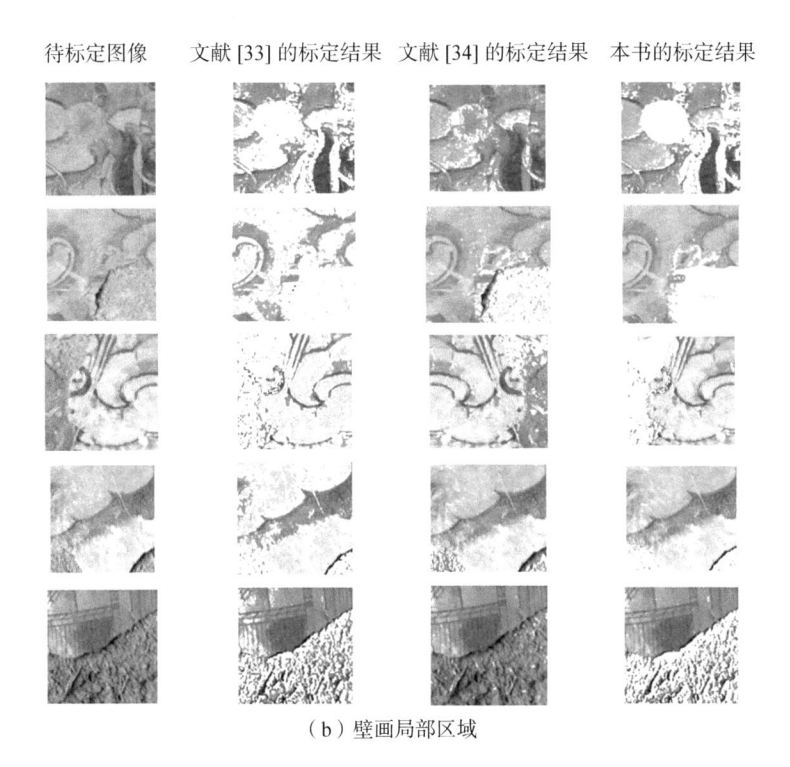

图 3.9 不同标定方法实验对比（另见文后彩图）

从图 3.9 标定结果的对比可以明显地看出，利用文献 [33] 中提出的方法，在阈值分割后存在非脱落区域，然后进行连通域标记导致将脱落区域之外的部分也进行了标定，存在过度标定的问题；文献 [34] 的标定方法仅利用纹理、亮度特征进行阈值分割后，部分脱落区域未被标定，导致对脱落病害标定时存在遗漏区域；而利用本书提出的 TS-RG 算法，首先用颜色特征进行阈值分割确定脱落种子点，然后进行区域生长确定颜色掩码，再与利用阈值分割确定的饱和度、色度掩码进行融合，从而使得标定结果更加精确。

另外，分别采用文献 [33]、文献 [34] 和本书的方法，对 70 张含地仗层脱落病害的图像进行标定实验，误差对比见表 3.1。

表 3.1　不同算法性能比较

算法	平均误差（Pixel）	误差标准差
文献 [33] 的方法	2.69	3.97
文献 [34] 的方法	2.46	2.71
本书的方法	1.91	1.82

从表 3.1 的数据可以看出，本书的方法平均误差和误差标准差都是最小的。虽然三种方法的平均误差都不是很大，但是按照文献 [33] 和文献 [34] 的方法标定，其误差标准差分别达到了 3.97 和 2.71，远远高于本书提出的方法，这充分说明本书提出的算法标定区域各像素点的误差与平均值之间的差异较小，算法更加稳定，是一种有效的壁画地仗层脱落病害自动标定算法。图 3.10 是针对一张壁画地仗层脱落病害区域中的 100 个像素点与分别采用本书方法和手工方法进行标定的误差对比，可以看出，平均误差保持在 1.9 像素左右，与表 3.1 中的数据基本一致。

为更好地验证本书算法的鲁棒性，笔者给待标定的壁画图像分别加了 10% 的椒盐噪声和均方差为 10 的高斯噪声，实验结果对比见表 3.2。

第 3 章 寺观壁画脱落病害的自动标定

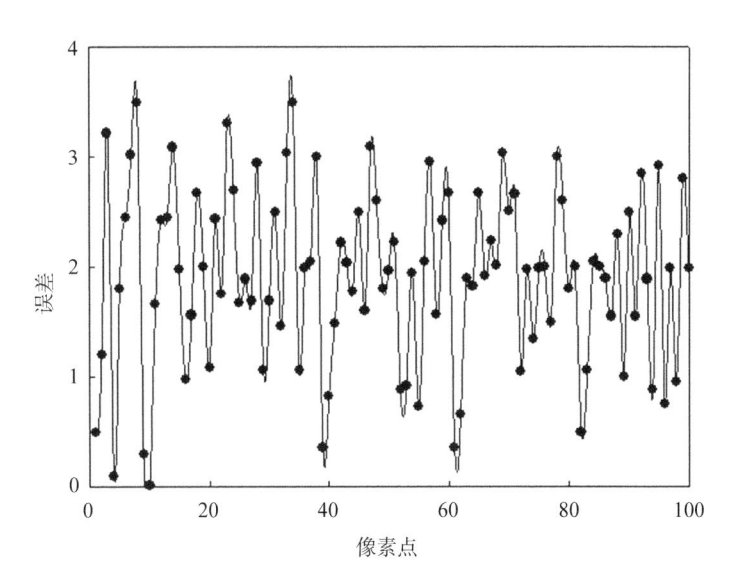

图 3.10 自动标定结果与手工标定点距离的误差对比

表 3.2 加入噪声后不同算法性能比较

方法		未加噪声	10% 的椒盐噪声	均方差为 10 的高斯噪声
文献 [33] 的方法	平均误差（Pixel）	2.69	3.04	2.98
	误差标准差	3.97	4.15	4.09
文献 [34] 的方法	平均误差（Pixel）	2.46	2.83	2.70
	误差标准差	2.71	3.11	2.99
本书的方法	平均误差（Pixel）	1.91	1.97	1.96
	误差标准差	1.82	1.85	1.85

从表 3.2 的数据可以看出，在增加了一定的噪声之后，虽然各种方法的平均误差和误差标准差都会下降，但相对来说，采用本书提出的方法下降是最少的，而且误差标准差变化也非常小，这进一步说明了本书提出的标定方法的鲁棒性。

3.5　本章小结

本章针对开化寺宋代寺观壁画脱落病害问题，通过对脱落区域的颜色、饱和度、色度、亮度等特征进行深入分析和研究，提出了基于 TS-RG 算法的壁画图像脱落病害自动标定方法，在 Matlab 平台下实现了对开化寺宋代寺观壁画脱落病害的自动识别和标定，最后通过从定性、定量两方面与现有文献 [33]、文献 [34] 提出的算法进行了对比，证明了 TS-RG 算法的优越性。病害的自动标定为后续章节有关壁画虚拟修复的研究奠定了良好的基础。

第4章 寺观壁画脱落病害的虚拟修复

针对开化寺宋代寺观壁画存在的脱落病害侵蚀问题，在 Criminisi 算法的基础上，本书提出了一种自适应样本块局部搜索（adaptive sample block and local search，ASB-LS）的图像修复算法，实现了壁画脱落区域的虚拟修复。具体步骤为：首先，分析壁画的构图特征，引入结构张量，利用其特征值重新定义数据项，确保图像的结构信息可以准确传播；然后，利用该数据项构成新的优先级函数，使得图像的填充顺序更合理；最后，利用结构张量的平均相关性自适应选择样本块大小，同时采用局部搜索策略提升匹配效率，有效避免了修复后图像结构误传播和匹配块盲目搜索的问题。实验结果表明，本书提出的 ASB-LS 算法修复效果较理想，主观视觉上有明显提升，更符合图像的构图特征，同时修复效率也有较大提升，为古代壁画的实际修复奠定了良好的基础。

4.1 Criminisi 算法介绍

Criminisi 算法是一种趋于等照度线的图像采样过程，修复示意图如图 4.1 所示，其中 Ω 为脱落区域，$\delta\Omega$ 为脱落区域的边界，ψ 是完好区域，ψ_p 是边界上以像素点 p 为中心、大小为 9×9 的像素块，使用该算法修复图像主要包含如下三个步骤。

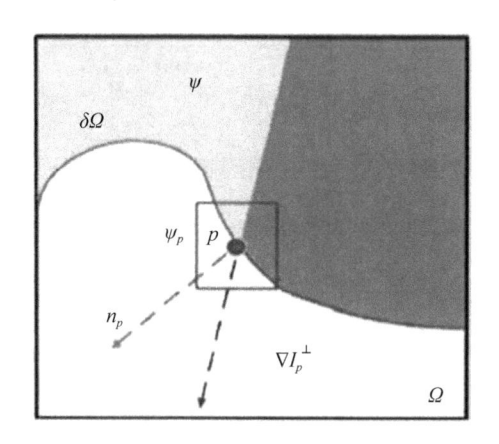

图 4.1 Criminisi 算法示意图

（1）边界点优先级的计算。

$$P(p)=C(p)\times D(p) \tag{4.1}$$

式中，$C(p)$ 为置信度项；$D(p)$ 为数据项，定义如下：

$$C(p)=\frac{\sum_{q\in\psi_p\cap\psi}C(q)}{|\psi_p|} \tag{4.2}$$

$$D(p) = \frac{\left|\nabla I_p^\perp \cdot n_p\right|}{\alpha} \qquad (4.3)$$

式中,$|\psi_p|$ 为 ψ_p 的面积;α 为归一化因子(对于灰度图像,α 通常取 255);n_p 为待修复区域在 p 点处的单位法向量;$\nabla I_p^\perp$ 为 p 点等照度线的方向,也可通过灰度梯度来表示,即 $\nabla I_p^\perp = (-I_y, I_x)$;$I_y$ 和 I_x 分别表示 x 方向和 y 方向的梯度。

(2)最佳匹配块的选择。

首先,找到优先级最高的边界点 $\hat{p}$,然后,以该点为中心生成待修复块 $\psi_{\hat{p}}$,再利用 SSD 准则在完好区域(即 Φ 中)寻找与 $\psi_{\hat{p}}$ 已知部分像素平方差和最小的最佳匹配块,最后用 ψ_q 替换 $\psi_{\hat{p}}$ 中对应位置的脱落区域。计算公式如下:

$$\psi_q = \arg\min d(\psi_{\hat{p}}, \psi_q) \qquad (4.4)$$

$$d(\psi_{\hat{p}}, \psi_q) = \sum [R(x)-R(y)]^2 + [G(x)-G(y)]^2 + [B(x)-B(y)]^2 \qquad (4.5)$$

式中,$x \in \psi_{\hat{p}} \cap \phi$,$y$ 为 ψ_q 中对应位置的点,R、G、B 为各像素点各通道的像素值。

(3)边界及置信度的更新。

当 $\psi_{\hat{p}}$ 中的脱落区域被修复后,需要更新脱落区域的边界 $\delta\Omega$ 及边界点的置信度值,即

$$C(p) = C(\hat{p}) \qquad (4.6)$$

式中，$p \in \psi_{\hat{p}} \cap \Omega$，即待修复块 $\psi_{\hat{p}}$ 中的脱落像素点；$\hat{p}$ 为具有最高优先权的像素点。

重复上述步骤（1）~（3），直到整个脱落区域 Ω 被填充完毕。

4.2　结构张量与壁画构图

4.2.1　图像的结构张量

结构张量由 Förstner 和 Gülch 于 1987 年引入图像处理中，通常被用来分析图像的局部几何结构，主要区分图像的平坦区域、边缘区域与角点区域[59, 60]。此处的张量是一个关于图像的结构矩阵，它不仅包含了局部区域的强度信息，同时也包含了特定像素邻域梯度的主要方向及这些方向的相干程度。

设图像 I 的梯度向量为

$$\nabla I = \begin{pmatrix} I_x \\ I_y \end{pmatrix} \tag{4.7}$$

式中，I_x、I_y 分别为 x、y 方向的偏导数，$I_x = \partial I/\partial x$、$I_y = \partial I/\partial y$。则图像的结构张量 J_p 定义为

$$\boldsymbol{J}_0 = \nabla \boldsymbol{I} \nabla \boldsymbol{I}^{\mathrm{T}} = \begin{bmatrix} I_x^2 & I_x I_y \\ I_x I_y & I_y^2 \end{bmatrix} \tag{4.8}$$

$$\boldsymbol{J}_p = \boldsymbol{G}_\sigma \times \boldsymbol{J}_0 = \begin{bmatrix} G_p \times I_x^2 & G_p \times I_x I_y \\ G_p \times I_x I_y & G_p \times I_y^2 \end{bmatrix} \tag{4.9}$$

式中，G_σ 是均值为 0、方差为 σ 的二维高斯核函数，即 $G_\sigma = \dfrac{1}{2\pi\sigma^2}\exp\left(-\dfrac{x^2+y^2}{2\sigma^2}\right)$，$J_p$ 经过高斯卷积后，抑制了噪声水平，能够更好地体现图像边缘信息和方向信息[61]。由于 J_p 是对称且半正定的二维矩阵，因此有两个非负的特征值，其大小分别为

$$\lambda_{1,2}=\frac{1}{2}\left(j_{11}+j_{22}\pm\sqrt{(j_{11}-j_{22})^2+4j_{12}^2}\right) \qquad (4.10)$$

式中，λ_1、λ_2 分别为结构张量在像素点处特征值的最大值和最小值，反映了图像局部边缘的强度大小。当两个特征值都较小时，表明像素在领域内的灰度值变化较小，属于平滑区域；当两个特征值都较大时，表明像素在领域内的灰度值变化较大，像素点在图像上处于角点区域；而当 λ_1 较大 λ_2 较小时，说明在一个方向上灰度值有很强的变化。

4.2.2 壁画的构图特征

构图特征是壁画、山水画等艺术作品区别于普通图片所独有的特征，是作品中艺术形象的结构配置特征，好的构图能使作品内容主次分明、主题突出、赏心悦目[62]。构图特征大致分为水平式、垂直式、S 形等若干类，不同朝代的壁画构图各有特色。壁画的修复不仅要完成脱落区域的填充，而且在修复的同时应维护图像的整体构图。

4.3 ASB-LS 算法

本章充分利用结构张量的特性并结合壁画构图特征从以下几个方面对 Criminisi 算法进行了改进，提出了一种自适应样本局部搜索（ASB-LS）算法，实现了寺观壁画的虚拟修复。

4.3.1 优先权函数

根据结构张量区分图像不同结构区域的特性，将结构张量的特征值引入数据项中，新的数据项定义如下：

$$D(p) = 1 - \exp\left[-(\lambda_1 - \lambda_2)^2\right] \quad (4.11)$$

从式（4.11）可看出，当像素点 p 处于结构边缘时，$\lambda_1 - \lambda_2 >> 0$，则 $D(p) \approx 1$；当 p 处在平坦区域时 $\lambda_1 - \lambda_2 \approx 0$，则 $D(p) \approx 0$；而当 $\lambda_1 - \lambda_2 > 0$ 时 $0 < D(p) < 1$，像素点处于纹理区域，此时的数据项 $D(p)$ 就能更精确地反映图像的结构特征。

另外，在传统的 Criminisi 算法中，优先权函数 $p(p)$ 是按照式（4.1）以乘积的形式定义，当数据项或置信度项突然将为零时。像素点的修复优先级也将为零，从而影响修复顺序，产生错误的修复结果，故为了使置信度项和数据项平滑下降，本章采用改进的数据项和指数函数形式的置信度项线性加权的形式重新定义优先权函数如下：

$$P(p) = \alpha \cdot \exp[C(p)] + \beta \cdot D(p) \tag{4.12}$$

式中，α、β 分别为数据项和置信度项的权重，其中 $\alpha + \beta = 1$。为了使图像的结构部分优先修复，优先级函数的权重设定为 $\alpha < \beta$。

4.3.2 自适应样本块

在传统的 Criminisi 算法中，在寻找最优匹配块时，通常样本块都设定为固定大小即 9×9 的像素块，从而导致结构复杂的图像修复后出现结构混乱不连续的情况。针对这一缺陷，本章根据结构张量的特征值可区分图像平坦、纹理、边缘的特性，对不同的结构区域采用不同的样本块大小进行搜索，有效抑制了结构信息的误传播。为确定自适应样本块的大小，引入像素块的平均相关因子 Avg_{cor}，其定义如下：

$$\text{Avg}_{\text{cor}} = \left(\frac{\bar{\lambda}_1 - \bar{\lambda}_2}{\bar{\lambda}_1 + \bar{\lambda}_2} \right)^2 \tag{4.13}$$

式中，Avg_{cor} 为以一个像素点 p 为中心的 9×9 的待修复块 ψ_p 的平均相关因子，$\bar{\lambda}_1$、$\bar{\lambda}_2$ 分别为待修复块 ψ_p 中已知像素点结构张量的平均值。当 Avg_{cor} 较大时，像素块处于图像的边缘或纹理结构区域，应采用较小的样本块进行匹配修复；当 Avg_{cor} 较小时，则像素块位于图像的平滑区域，应采用较大的样本块来匹配修复。通过反复实验确定合适的样本块大小。图 4.2（另见文后彩图）中绿色框标记的区域为不同结构区域 9×9 的像素块。

图像 1　　　　　　　　　　　　图像 2

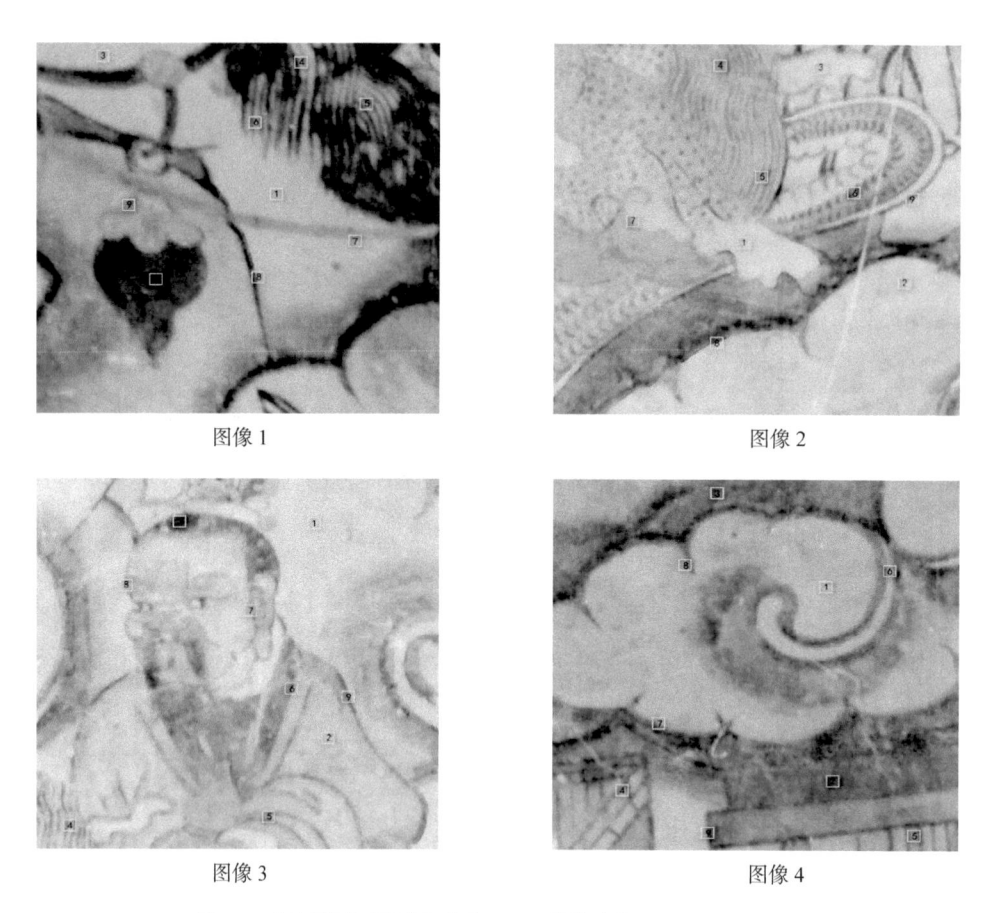

图像 3　　　　　　　　　　　　图像 4

图 4.2　不同结构区域大小为 9×9 的像素块（另见文后彩图）

表 4.1 中给出了图 4.2 所标记的壁画图像不同结构区域的平均相关因子，其中 **1**、**2**、**3** 像素块处于图像的平滑区域，**4**、**5**、**6** 像素块处于图像的纹理区域，**7**、**8**、**9** 像素块处于图像的边缘区域。

表4.1 不同结构区域像素块的平均相关因子

图像	1	2	3	4	5	6	7	8	9
图像1	0.3352	0.6013	0.6512	0.8011	0.8232	0.7859	0.9155	0.9514	0.8974
图像2	0.3548	0.6602	0.6498	0.8841	0.8890	0.7829	0.9463	0.9954	0.9789
图像3	0.4429	0.6612	0.5733	0.9020	0.8451	0.9122	0.9533	0.9587	0.8769
图像4	0.5563	0.6531	0.6501	0.6659	0.6812	0.6755	0.9744	0.9012	0.9630

从表4.1中可以看出，当像素块位于平滑区域时，Avg_{cor}的值绝大多数小于0.65；像素块位于纹理区域时，Avg_{cor}的值在0.8左右波动；而位于边缘区域的像素块，其Avg_{cor}的值都在0.9以上。因此，为了维持壁画的构图特征，使得修复后图像的结构信息准确传播，在匹配块搜索时，根据平均相关因子可以准确区分图像的不同结构区域，笔者利用Avg_{cor}的变化来自适应选择样本块的大小进行脱落区域的填充。自适应样本块的大小确定为

$$\text{size}(p) = \begin{cases} 11 \times 11, & Avg_{cor} \leqslant 0.65 \\ 9 \times 9, & 0.65 < Avg_{cor} < 0.9 \\ 5 \times 5, & Avg_{cor} \geqslant 0.9 \end{cases} \quad (4.14)$$

4.3.3 匹配块搜索策略

传统的Criminisi算法在进行最佳匹配块搜索时，采用全局搜索策略，即在整幅图像的未破损区域搜索与样本块最相似的匹配块，这种方法可以搜索到最佳匹配块，但是耗时较长。根据壁画图像的构图特征，许多

脱落区域的匹配块就位于样本块附近,所以全局搜索具有盲目性,降低了算法的效率。为了减少算法的搜索空间,同时保证修复的效果,笔者采用了局部搜索策略,即在局部窗口空间中搜索最佳匹配块。局部窗口的尺寸 Length 设置如下:

$$\text{Length} = \eta \times \sqrt{\text{size}(p)} \quad (4.15)$$

式中,η 为步长。局部搜索空间为以具有最大优先权的像素点 p 为中心,分别向上、下、左、右各个方向延伸 Length 长的距离,所以局部搜索策略实际的搜索空间为 $(2 \times \text{Length} + 1)(2 \times \text{Length} + 1)$。与全局搜索策略相比,搜索窗口的尺寸由 $M \times N$(M、N 分别为图像的行和列)降低到了 $m \times n$(m、n 分别为局部窗口的行和列)。局部搜索缩短了匹配块的搜索时间,从而提高了算法的修复效率。

4.3.4　ASB–LS 算法描述

综上所述,本书提出的 ASB-SL 算法具体实现步骤如下。

输入:已完成脱落区域自动标定[63]的待修复壁画图像。

输出:修复后的壁画图像。

(1)确定脱落区域的边界;

(2)按式(4.11)计算数据项,并按式(4.12)计算边界上各像素的优先权;

(3)寻找边界像素点中具有最大优先权的像素点,并按式(4.13)计算以此像素点为中心 9×9 大小像素块的平均相关因子;

(4)依据式（4.14）自适应确定待修复块 $\psi_{\hat{p}}$ 的最佳大小 size(p)；

(5)依据式（4.15）所确定的局部搜索空间，在图像的已知区域寻找最佳匹配块；

(6)将最佳匹配块复制到 $\psi_{\hat{p}}$ 中对应位置的脱落区域中；

(7)按式（4.6）更新脱落区域的置信度值；

(8)重复步骤（1）~（7），直到脱落区域 Ω 内的像素被填充完成。

ASB-LS 算法流程如图 4.3 所示。

4.4 实验结果与分析

为验证 ASB-LS 算法在壁画图像修复中的有效性，笔者在 3.20GHz 处理器、4G 内存的计算机上，利用 VS2015 进行了仿真实验。在参数 α、β、σ、η 分别取值为 0.35、0.65、0.4、10 的情况下，从算法效率及修复效果两方面，与 Criminisi 算法、文献 [15] 及文献 [18] 的方法进行了比较。由于实际脱落壁画图像缺少完好的参照对象，故难以用 PSNR（peak signal to noise ratio，峰值信噪比）进行评价，笔者又增加了完好壁画图像人为破坏后的修复实验，以进一步证明 ASB-LS 算法的有效性。

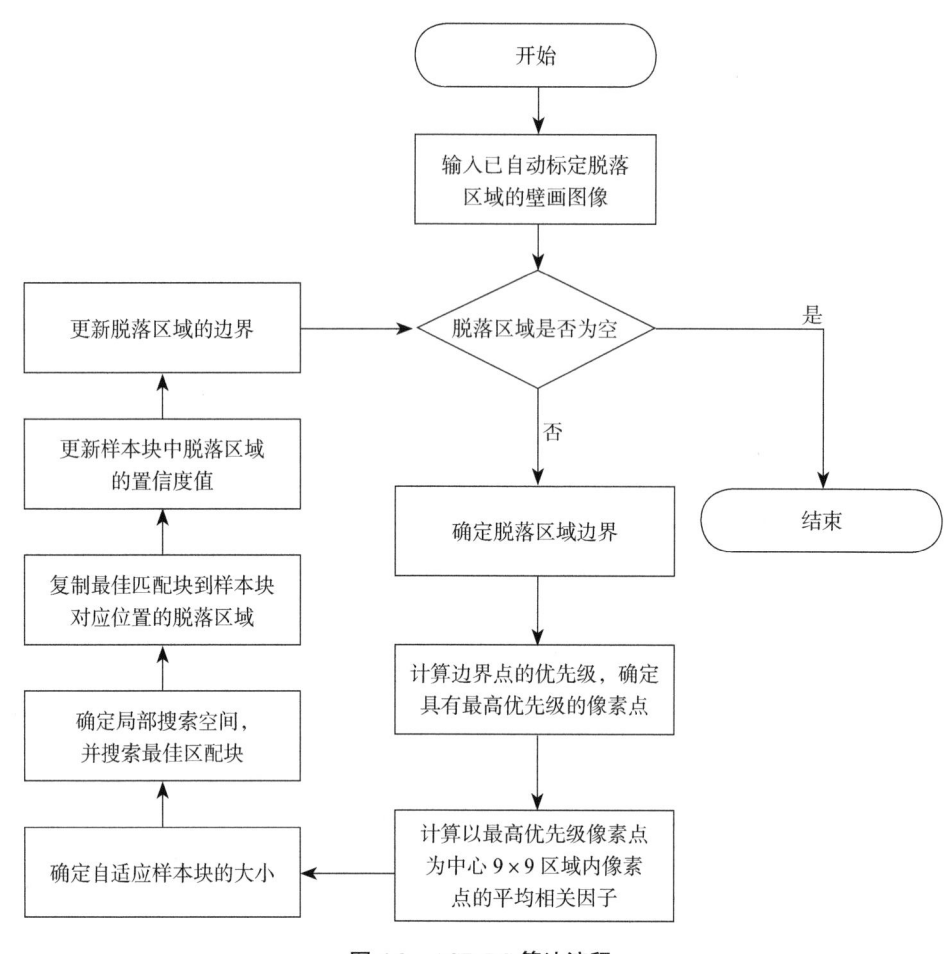

图 4.3 ASB-LS 算法流程

4.4.1 实际脱落壁画修复对比

笔者以开化寺宋代壁画为研究对象，针对壁画图像的脱落病害进行了虚拟修复，各算法修复结果如图 4.4 所示（另见文后彩图）。

第4章 寺观壁画脱落病害的虚拟修复

图像5　　　　　　　　　图像6　　　　　　　　　图像7

（a）已标定脱落病害的壁画

（b）Criminisi 算法修复效果

（c）文献 [23] 算法的修复效果

· 69 ·

图像 5　　　　　　　　图像 6　　　　　　　　图像 7

（d）文献 [25] 算法的修复效果

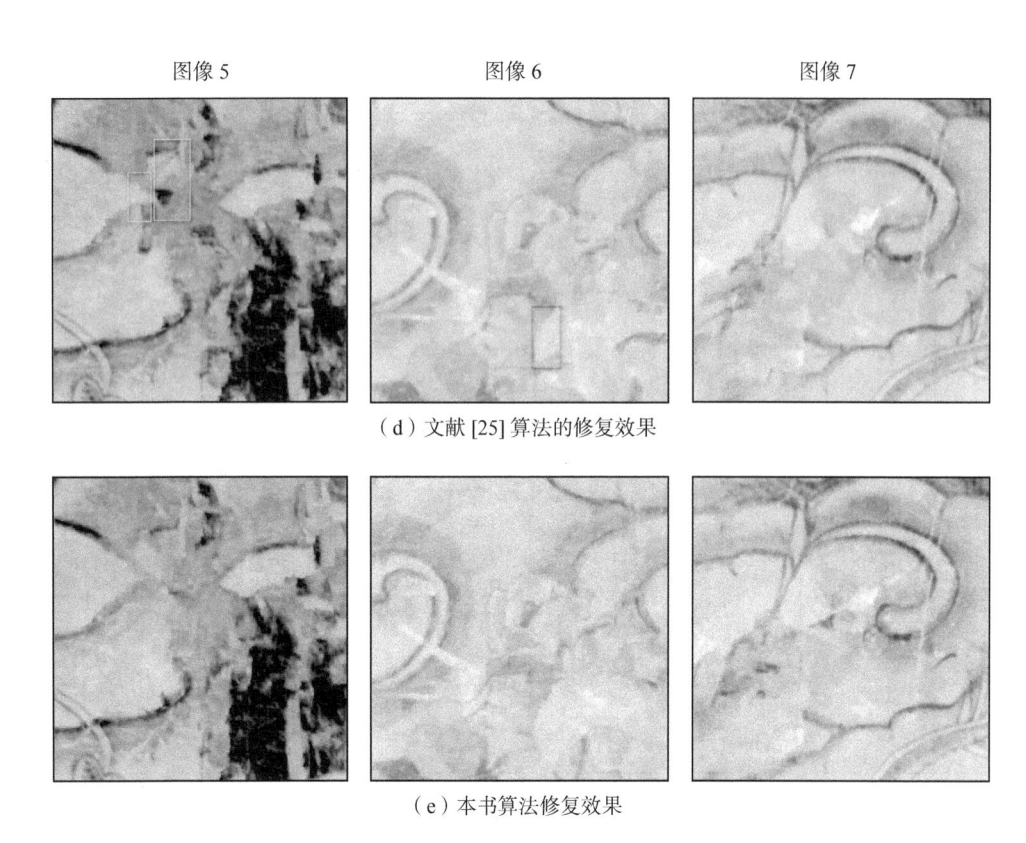

（e）本书算法修复效果

图 4.4　不同算法修复效果对比图（另见文后彩图）

由于图像脱落区域较大，脱落中心部位的图像内容无法得知，故只能从脱落边界处修复结果进行对比。从图 4.4 的对比结果不难看出，图像 5、图像 6、图像 7 中红色框标出部位用 Criminisi 算法修复的结果在图像边缘位置都有明显的扩散痕迹；文献 [23]、文献 [25] 在 Criminisi 算法的基础上做了改进，扩散痕迹问题得到了改善；但是绿色框标出的部位结果信息混乱，黄色框标出的部位视觉不连通，存在断裂问题。笔者通过结构张量对数据项及优先级函数的重新定义，使得图像的结构信息丰富的区域优先被修复，修复后的图像在脱落边界处的扩散痕迹更少，视觉连通性更好。下面笔者将从主观和客观两方面对修复效果做进一步分析。

1. 主观分析

考虑到主观评价结果往往会因人而异，笔者采用评分法，从实验室随机选取 20 名视力正常的学生（男生 10 人，女生 10 人），经过适当训练后，请他们对不同算法修复后的效果结构连续性、壁画整体构图等方面进行打分。评分分为 5 个级别（非常满意、满意、一般、不满意、非常不满意），对应的分值依次为 5、4、3、2、1。表 4.2 列出了 20 名学生对图 4.4 中壁画图像修复效果评分的平均计算结果，可以看到本书算法的各项指标均较理想。

表 4.2 修复效果主观评价评分结果

指标	Criminisi 算法	文献 [23]	文献 [25]	ASB-LS 算法
结构连续性	3.1	2.9	3.8	4.2
整体构图	3.4	3.1	3.7	4.1

2. 客观分析

笔者将匹配块的搜索方式由全局搜索改为局部搜索，不同大小的样本块在不同范围的局部空间搜索，将匹配块的搜索空间由原来的 $M \times N$（M、N 分别为图像的行和列）降低到了 $m \times n$（m、n 分别为局部窗口的行和列），在保证修复效果的同时极大提高了修复的效率。笔者对图 4.4 中图像进行虚拟修复实验，不同算法修复时间如表 4.3 所示。

表 4.3 不同算法修复时间对比

单位：秒

壁画	Criminisi 算法	文献 [23]	文献 [25]	ASB-LS 算法
图像 5	450.755	465.217	449.356	314.221
图像 6	396.837	400.201	405.663	299.662
图像 7	416.668	430.051	410.019	301.270

从表 4.3 的结果可以看出，本书提出的算法针对不同的壁画图像修复效率都有提升，提升时间为 106～151 秒，时间性能也是可观的。

4.4.2 人为破坏壁画修复对比

为进一步验证 ASB-LS 算法的有效性，笔者又对完好壁画人为添加脱落区域进行修复并用 PSNR 来衡量修复后图像与原完好图像的相似度。PSNR 值越大，说明两幅图像越相似，修复效果越好，不同算法的修复效果如图 4.5 所示。

从图 4.5（另见文后彩图）的修复结果可以看出，Criminisi 算法修复后，图 4.5（a）左侧破损的纹理丰富区域、图 4.5（b）头部发丝部位、图 4.5（d）右下角等边缘区域存在错误延伸的情况；文献 [34]、文献 [37] 算法修复后，图 4.5（a）右侧、图 4.5（b）肩部、图 4.5（c）中间绿色丝带处破损的边缘区域存在断裂问题；而本书提出的 ASB-LS 算法修复后纹理丰富区域不存在错误延伸情况，边缘区域连续性也更好，有效解决了壁画图像修复后破损区域的错误延伸及结构不连续问题。PSNR 值对比见表 4.4。

第 4 章 寺观壁画脱落病害的虚拟修复

原始壁画图像 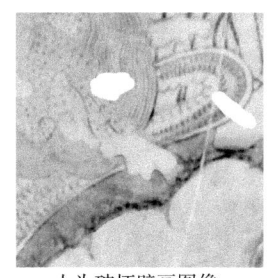　　　　　　人为破坏壁画图像 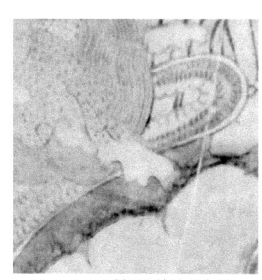　　　　　Criminisi 算法修复效果

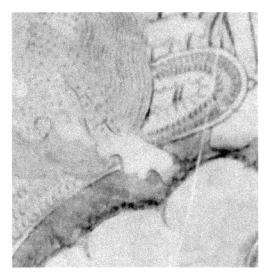

文献 [34] 算法的修复效果 　　文献 [37] 算法的修复效果 　　本书算法的修复效果
（a）鱼纹图像

原始壁画图像 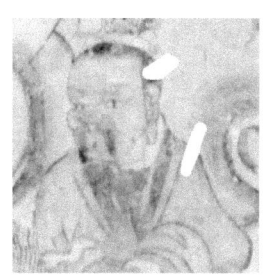　　　　　　人为破坏壁画图像 　　　　　Criminisi 算法修复效果

文献 [34] 算法的修复效果 　　文献 [37] 算法的修复效果 　　本书算法的修复效果
（b）人物图像

古代寺观壁画病害自动标定与虚拟修复方法研究

原始壁画图像　　　　　人为破坏壁画图像　　　　Criminisi 算法修复效果

文献 [34] 算法的修复效果　　文献 [37] 算法的修复效果　　本书算法的修复效果

（c）动物图像

原始壁画图像　　　　　人为破坏壁画图像　　　　Criminisi 算法修复效果

文献 [34] 算法的修复效果　　文献 [37] 算法的修复效果　　本书算法的修复效果

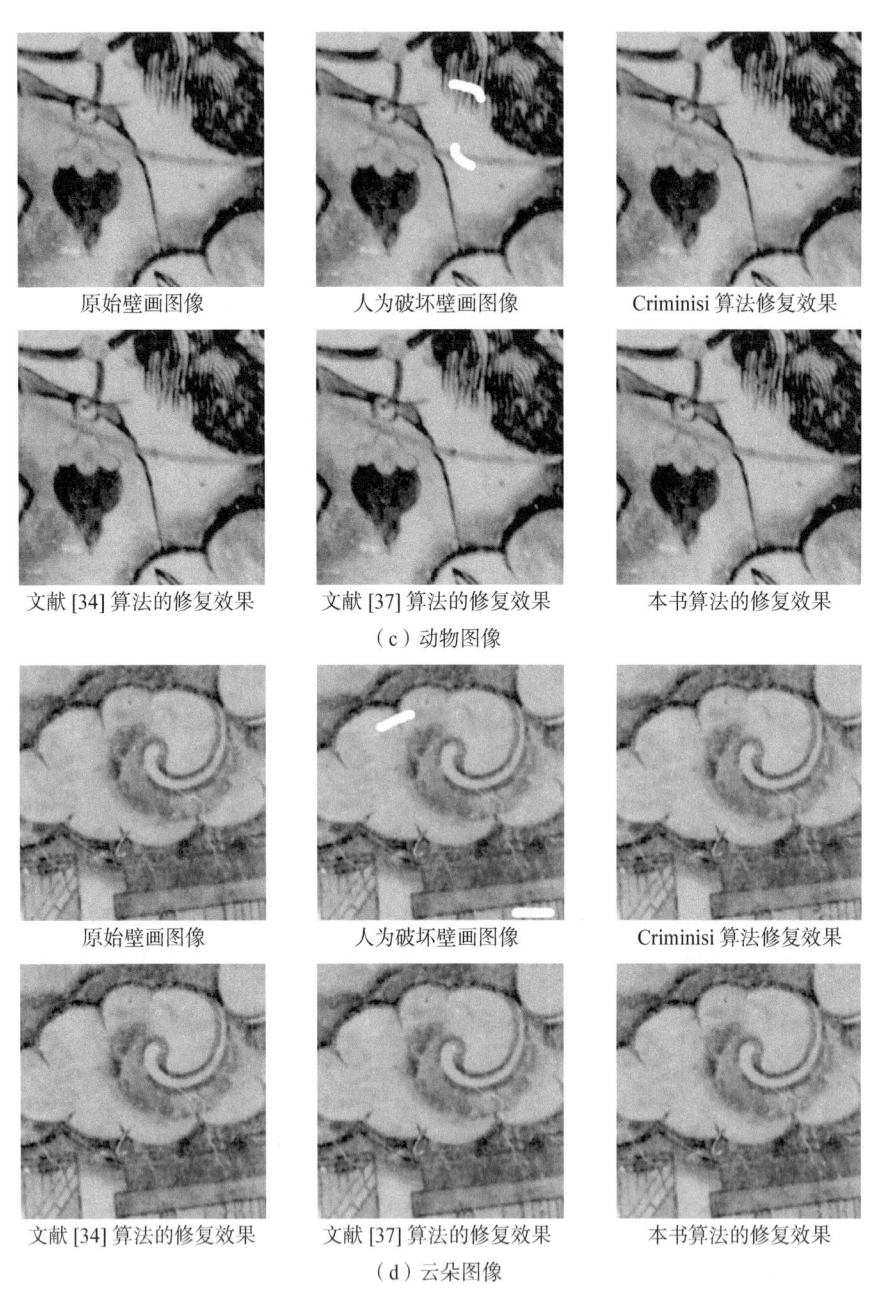

（d）云朵图像

图 4.5　人工破坏壁画图像修复结果比较（另见文后彩图）

表 4.4 不同修复算法的 PSNR 比较

壁画	Criminisi 算法	文献 [34]	文献 [37]	ASB-LS 算法
图 4.5（a）	43.359 6	42.110 2	43.621 4	44.421 6
图 4.5（b）	42.110 2	43.359 6	44.120 5	45.129 8
图 4.5（c）	48.130 8	47.420 6	47.060 2	48.862 2
图 4.5（d）	48.779 4	51.248 8	51.016 3	49.303 4

表 4.4 中列出了图 4.5 中样本图像采用不同算法修复后的 PSNR 值，可以看到本书算法在峰值信噪比方面提高了 1~3dB，与文献 [34]、文献 [37] 中的 PSNR 值相比，本书算法的 PSNR 值又有提高，证明了该算法在壁画修复中效果最佳。

4.5 本章小结

笔者针对宋代开化寺壁画脱落病害侵蚀问题，在 Criminisi 算法的基础上提出了 ASB-LS 算法。将图像的结构张量引入数据项中，重新定义数据项及优先级函数；然后利用样本块的平均相关因子，对图像的不同结构区域自适应调整样本块的大小，有效避免了结构信息的错误扩散；在保证修复效果的前提下采用局部搜索策略来提高修复效率。实验结果表明，与传统 Criminisi 算法、文献 [23]、文献 [25] 相比，采用该算法修复壁画脱落区域，在视觉连续性上有明显改善且修复时间也有大幅缩短，为壁画的实际修复提供了参考，同时也为后续章节壁画病害自动标定修复系统提供了核心算法支撑。

ASB-LS 算法对破损区域进行修复时，对结构张量较敏感，其不仅决定了边界点的修复顺序，还决定了匹配块的大小。另外在修复较大的脱落区域时，脱落中心区域的修复效果较差。笔者今后将对五台山寺观壁画进行深入研究，深度学习相关算法，从壁画的场景、高层语义等角度进行分析，实现寺观壁画大面积脱落区域的自动修复。

第 5 章　壁画脱落病害自动标定与修复系统的设计与实现

5.1　系统开发工具及环境

本书系统整体可分为两部分，即数据库集群与壁画数据管理及修复。系统的数据库集群部分部署于主流 Linux 系统 CentOS 7 上，而系统管理部分部署在 Windows 7 平台上。具体运行环境如下。

（1）Web 服务运行环境：JDK 1.8、MySQL 8.0 数据库驱动程序、apache-tomcat-8.5.20。

（2）数据服务运行环境：nginx-1.14.2、keepalived-2.0.14、mysql-cluster-7.6.8。

系统的开发工具主要包括以下几部分：在 Eclipse 4.7 中完成系统界面及业务逻辑的开发工作；壁画脱落病害的自动标定算法用 Matlab 2016 实现；脱落病害的自动修复算法采用 VisualStudio 2015 实现；壁画数据库集群的部署、测试采用远程桌面工具 SecureCRT 提供的可视化界面完成。

5.2 系统架构

系统的整体架构如图 5.1 所示。

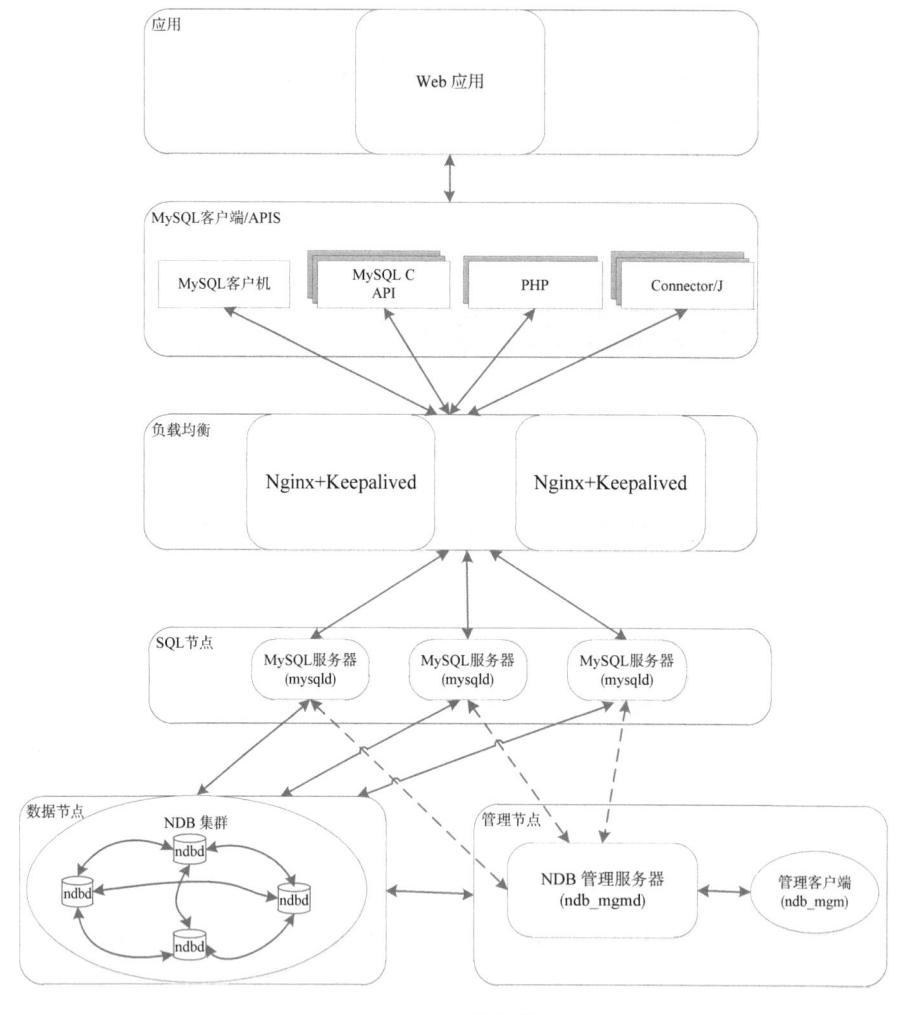

图 5.1 系统架构

本书设计壁画标定与修复系统的数据交互界面时采用了当下较流行的 JavaEE 框架 SSM，前端页面展示使用了 LayUI 框架。数据的存储层采用了 MySQL 同步集群，为了实现数据的负载均衡，在数据库集群的 SQL 节点和 SQL 客户端之间添加了 Nginx 和 Keepalive。

5.3 系统模块

本系统主要分为三大模块：壁画修复模块、数据管理模块、系统管理模块。其中各模块下又根据各自特点细分为若干小模块。下文将逐一介绍。

5.3.1 系统管理模块

此模块包含了整个壁画数据管理系统的一些公共模块，包括系统用户管理、菜单管理、角色管理、字典管理等十余个模块，下面笔者将重点介绍关于用户权限的功能模块。

1. 用户管理

此模块将用户分为三类：超级管理员、普通管理员、普通用户。不同的用户对应不同的角色，然后根据角色进行权限管理，不同类型用户登录后界面不同，可进行的操作权限也不同。模块界面如图 5.2 所示。

图 5.2　用户管理界面

2. 权限管理

此模块除实现了角色的增删改查外，还增加了各个角色的授权功能，依据不同的角色给予系统不同菜单的操作权限，当某类角色的用户不具备某菜单的操作权限时，弹窗会提示用户权限不足，如图 5.3 所示。

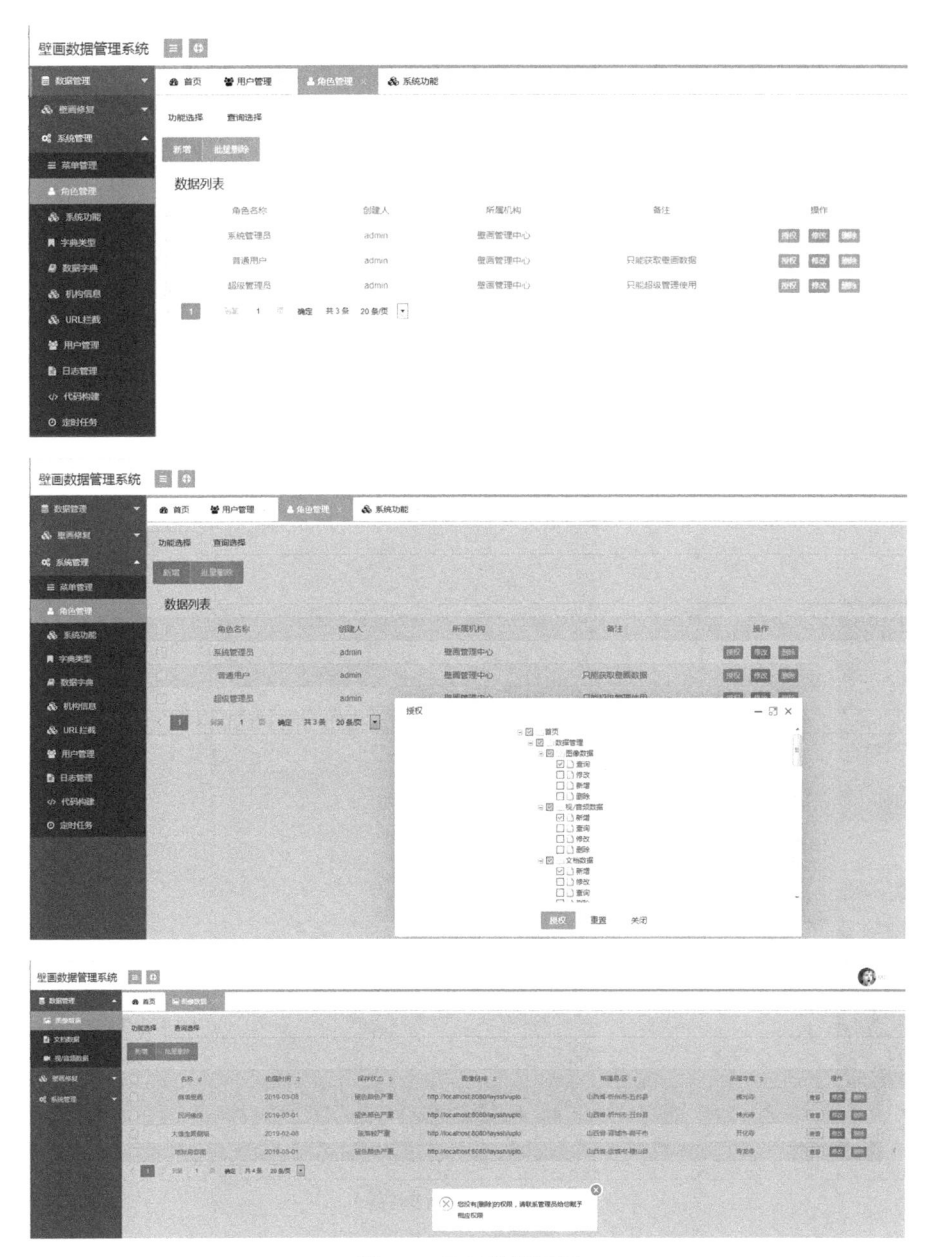

第5章 壁画脱落病害自动标定与修复系统的设计与实现

图 5.3 角色管理界面

5.3.2 数据管理模块

此模块主要包括三个子模块：图像数据、文档数据、视/音频数据等。

1. 图像数据

图像数据主要是指各个地区、各个寺庙的寺观壁画图像。系统可实现壁画图像的存储、更新、查询、删除等操作。存储壁画时可以指定其所属地区、寺庙等信息，同时也可根据这些信息进行检索。后台可以指定存储的壁画图像的格式类型、单张图片的大小等，如图5.4所示。

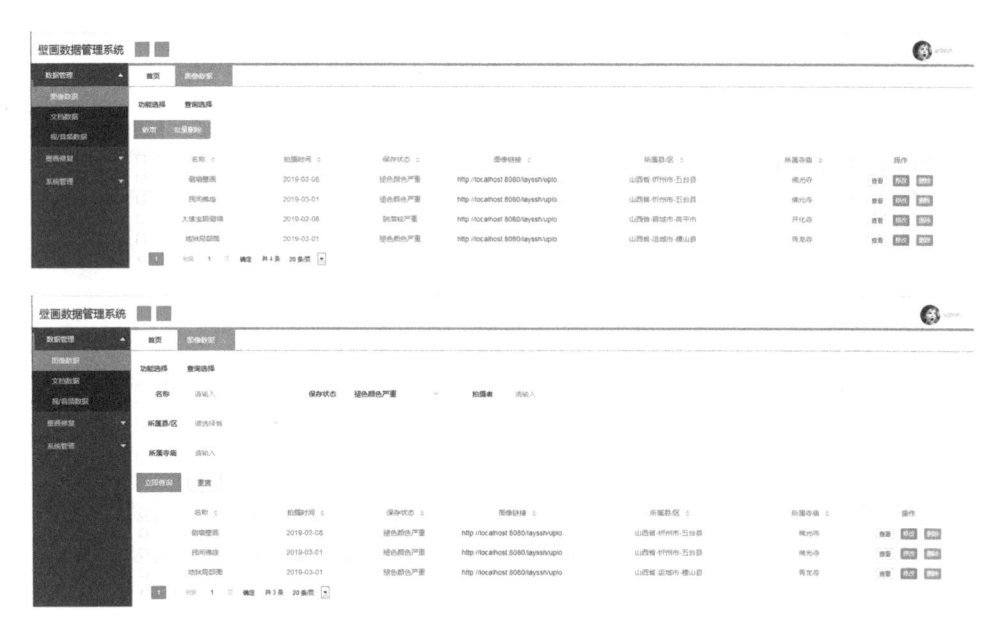

图 5.4　图像数据界面

2. 文档数据

此模块主要负责壁画相关文档数据的处理。通过文档数据模块，可实现关于不同壁画、寺庙相关文档的分类、查询，后台可以自定义上传文档的文件类型、大小等。如图 5.5 所示。

图 5.5 文档数据界面

3. 视/音频数据

此模块实现了壁画相关视频的上传、检索，以及在线播放，后台可以自定义上传视/音频的格式、大小等参数。界面如图5.6所示。

图 5.6 视/音频数据界面

5.3.3　壁画修复模块

此模块包含两个子模块：病害标定与虚拟修复。此系统仅对标定的结果做了展示、存储与检索，标定和修复的过程调用了外部的算法实现。

1. 病害标定

寺观壁画脱落区域的病害标定的核心算法为本书第 3 章提出的 TS-RS 算法，此算法由 Matlab 语言实现。在本系统中通过可视化界面，提交待标定图像的链接、名称给后台，系统后台通过 Matlab 提供的接口调用 TS-RS 算法实现脱落区域的标定，标定结果被存储在数据库集群中，标定完成后展示于前台界面，如图 5.7 和图 5.8（另见文后彩图）所示。

2. 虚拟修复

寺观壁画脱落病害的虚拟修复的核心算法为本书第 4 章提出的 ASB-LS 算法，此算法由 C++ 语言实现。利用此系统的可视化界面，用户可以提交标定后的待修复壁画图像，系统后台获取到提交的图片后，会调用 C++ 提供的接口，利用 ASB-LS 算法实现脱落区域的自动标定，并返回标定后的图像，存储在数据库集群上。提交修复任务后，待修复壁画的状态为"修复中"，当修复完成后，系统利用定时任务功能，修改状态为"已修复"。系统虚拟修复界面如图 5.9 和图 5.10（另见文后彩图）所示。

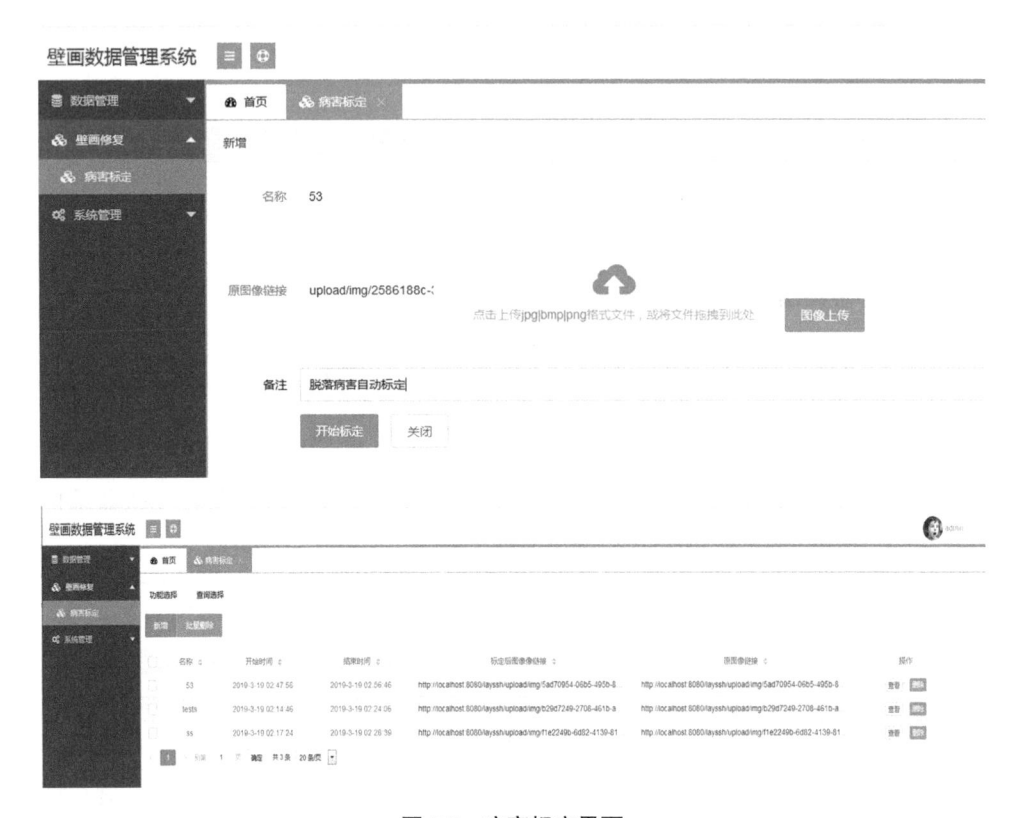

图 5.7 病害标定界面

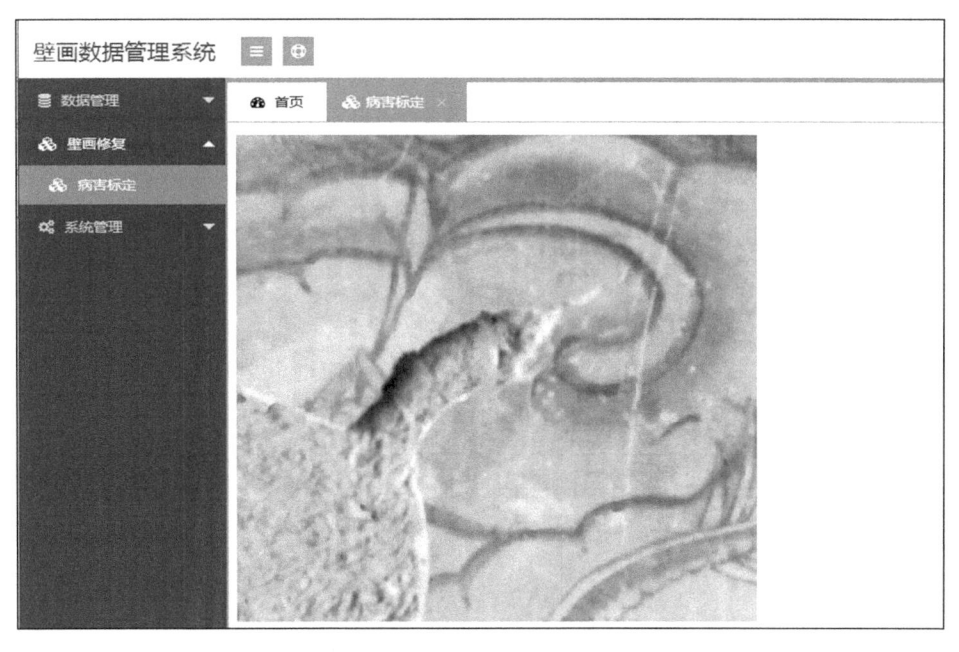

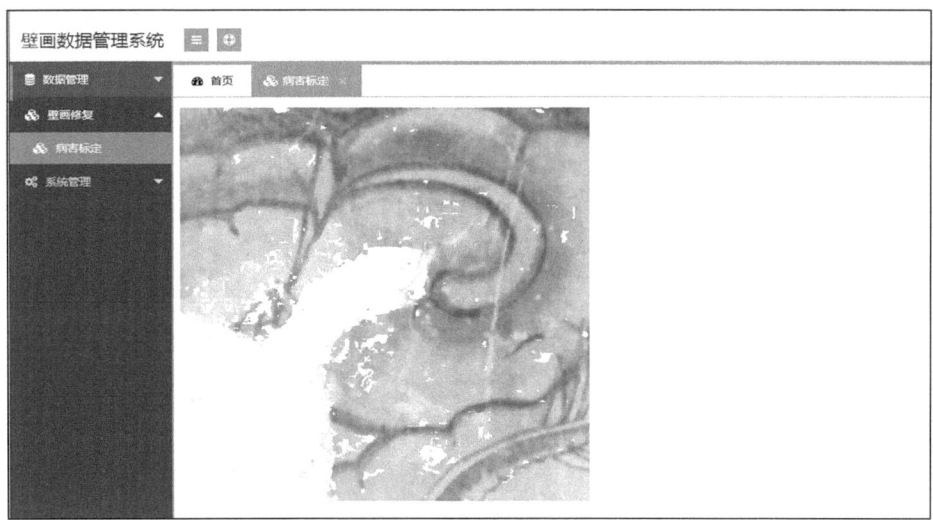

图 5.8 病害标定结果界面（另见文后彩图）

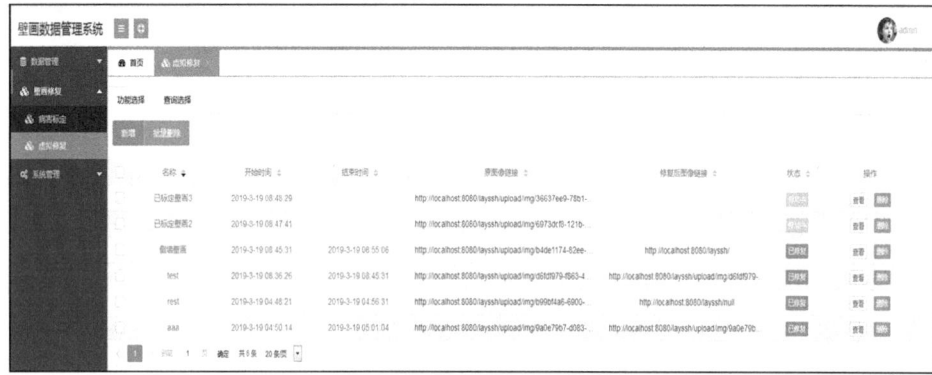

图 5.9 虚拟修复界面

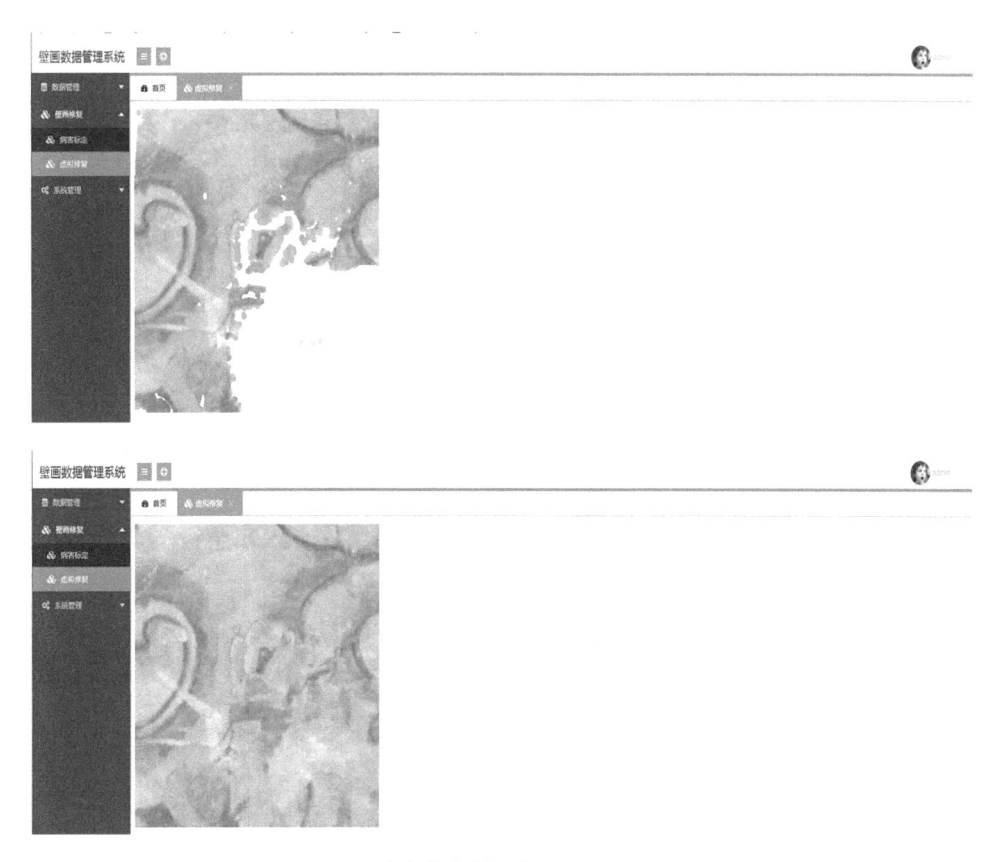

图 5.10　病害修复结果界面（另见文后彩图）

5.4　本章小结

本章是在第 3 章、第 4 章的基础上，将壁画标定和修复的算法集成到一起，然后基于第 2 章中构建的壁画数据库集群，开发完成了壁画脱落病害的自动标定和修复系统。系统主要包含了壁画脱落病害的标定和修复、壁画数据的管理及针对壁画数据的权限设置管理等。用户可以利用可视化界面，从壁画数据库集群中获取数据，然后利用本书提出的算法进行标定与修复，实现壁画的数字化管理及虚拟修复。

第六章　总结和展望

6.1　本书总结

古代寺观壁画作为我国主要的文化遗产之一，由于历史、环境等原因病害侵蚀越发严重。近年来，数字图像处理技术快速发展，在文物保护中的应用也越来越广泛。本书在先前学者研究成果的基础上，对壁画脱落病害的标定、修复、壁画数据库集群设计及壁画数据管理做了研究，提出了壁画脱落病害的标定算法（TS-RG）及虚拟修复算法（ASB-LS），并构建了壁画数据集群及壁画数据管理系统。本书主要做了以下几方面的工作。

6.1.1　寺观壁画脱落病害的自动标定

本书首先依据获取到的壁画图像脱落程度，将脱落病害分为浅层脱落与深层脱落两类，然后分析脱落区域的颜色、纹理、亮度等特征，将图像进行颜色空间的转换，从 RGB 转为 YcbCr 空间提取亮度特征阈值，从 RGB 转为 HSV 颜色空间提取色度与饱和度特征。对于浅层脱落病害，直接利用亮度、色度、饱和度等阈值特征，进行阈值分割即可很好地对脱落区域进行标定。深层脱落病害的脱落区域较复杂，但其颜色特征较为明显，本书将深层脱落病害图像 RGB 各通道分离，然后分别利用区域生长算法进行标定，再将各通道标定的掩码进行合并，得到区域生长的标定结果；为了使标定更加精确，最后又将阈值分割得到的掩码与区域生长的掩码结果进行加运算，实现深层脱落病害的精确标定。实验结果表明本书提出的标定算法精确度更高，标定结果更好。

6.1.2 壁画脱落病害的虚拟修复

在壁画脱落病害自动标定的基础上，本书对图像的脱落区域进行形态学操作，使得较小的脱落区域合并。以 Criminisi 算法为基础，通过分析壁画的构图特征，在计算脱落区域边缘优先级时，引入结构张量，不同结构区域优先级设置不同，使得修复顺序更合理；在进行最佳匹配块查找时加入结构相关因子，使得匹配更精确，同时为了降低搜索的时间复杂度，采用局部搜索策略，提高匹配效率。利用本书提出的 ASB-LS 算法有效解决了修复后结构错误延伸及修复时间过长的问题。

6.1.3 壁画数据库集群的设计及虚拟修复系统的实现

由于壁画分布在全省范围，数据量庞大且有关各地区壁画的相关描述都较零散，因此本书基于 MySQL 构建了壁画数据库同步集群，集群中每类节点都采取了冗余策略，保证了集群的高可用性。然后以此数据库集群为基础，开发设计了壁画数据管理系统，实现壁画各类型数据的管理、壁画的虚拟修复及系统中用户权限的管理。用户可以利用此系统收集壁画数据，进行脱落病害的修复及不同用户的权限管理，从而实现壁画的数字化管理。

6.2 展望

本书就寺观壁画脱落病害的虚拟修复工作做了较多研究，提出了自动标定算法 TS-RS 和虚拟修复算法 ASB-LS，但由于寺观壁画创作完成于不同时期，病害的类型不限于脱落病害，且拍摄的壁画受光照等影响较大，故本书的算法仍存在一定的局限性。因此，今后的工作可以从下面几点出发。

（1）当获取的壁画图像存在多种病害时，需要综合分析病害的类型，针对不同的病害使用不同的方法，研究一种可以结合多种病害识别算法的方法进行壁画病害的自动标定与虚拟修复。

（2）当拍摄的壁画光照不同时，对壁画自动标定与虚拟修复的结果影响较大，可以利用深度学习的方法，提取壁画的语义、结构等信息，消除光照对修复效果的影响。

（3）本书获取到的壁画图像像素较大，单机标定、修复时耗时较长。因此，下一步可以考虑将像素较大的图像进行切分，然后用多台机器进行并行修复，进一步提高标定、修复效率。

参考文献

[1] 葛蓉，许端清，杨鑫，等.高精度壁画图像的实时浏览技术[J].敦煌研究，2010（06）：98-103.

[2] 刘曙光.论佛教与中国古代壁画[J].装饰，2003（10）：47-47.

[3] 柴泽俊.山西寺观壁画[J].美术研究，1985（04）：72-76.

[4] 李雅丽.武普敖和他的壁画山西[DB/OL].山西纪实.（2014-10-15）[2019-04-18].http：//www.tydao.com/2014/1125/js141125wupuao.html.

[5] 妙甜.五台山佛光寺东大殿唐代壁画[DB/OL].菩萨在线.（2014-08-07）[2019-04-18].http：//www.pusa123.com/pusa/wenhua/yishu/78533.shtml.

[6] 王岩松.山西古代壁画损毁成因及其保护[J].文物世界，2003（02）：55-57.

[7] 王旭东.基于中国文物古迹保护准则的壁画保护方法论探索与实践[J].敦煌研究，2011（06）：1-7.

[8] 何东健.数字图像处理（第2版）[M].西安：西安电子科技大学出版社，2008.

[9] RAFAEL G C，WOODS E R. 数字图像处理（第3版）[M].阮秋琦,阮宇智，译.北京：电子工业出版社，2011：3.

[10] 徐贵力,毛罕平,李萍萍.彩色图像颜色和纹理特征提取的应用算法[J].计算机工程，2002，28（06）：25-27.

[11] 耿长兴,张俊雄,曹峥勇,等.基于色度和纹理的黄瓜霜霉病识别与特征提取[J].农业机械学报，2011，42（03）：170-174.

[12] 胡伟平,王日凤.基于阈值分割和区域生长的车牌识别方法[J].广西科学院学报，2016，32（01）：54-58.

[13] 王建伟,李兴民.基于四元数矢量积算法的彩色图像区域生长算法[J].计算机科学，2015，42（S2）：166-168.

[14] 姜伟,吕晓琪,任晓颖,等.结合区域生长与图割算法的冠状动脉CT血管造影图像三维分割[J].计算机应用，2015，35（05）：1462-1466.

[15] MA J C，DU K M，ZHANG L X，et al. A segmentation method for greenhouse vegetable foliar disease spots images using color information and region growing[J]. Computers and Electronics in Agriculture，2017，142：110-117.

[16] GUILLEMOT C，LE MEUR O. Image inpainting：overview and recent advances[J]. IEEE Signal Processing Magazine，2014，31（01）：127-144.

[17] BERTALMIO M，SAPIRO G，CASELLES V，et al. Image inpainting[C]// Proceedings of Conference on Computer Graphics and Interactive Techniques. Washington D.C.：Addison-Wesley Press. 2000：417-424.

[18] CRIMINISI A,PEREZP,TOYAMA K.Region filling and object removal by exemplar-based image inpainting [J]. IEEE trans-actions on image processing,2004,13（09）:1200-1212.

[19] ZHANG Y J,ZHANG J J,SHAH M. Region completion in a single image [C]. EUROGRAPH,2005:861-868.

[20] ZHU B,LI H D. Image completion from low-level learning [C]. Proceedings of the Digital Image Computing on Techniques and Applications,2005:3743.

[21] XUE Y B,ZHANG H,WANG F Y,et al. Exemplar-based Image completion using color ratio gradient [C]. Congress on Image and Signal Processing,2008:569-572.

[22] 梁淑芬,郭敏,梁湘群. 改进的Criminisi算法的数字图像修复技术 [J]. 计算机工程与设计,2016,37（05）:1314-1318+1345.

[23] 刘业妃,王福龙,奚祥艳,刘志煌. 改进的Criminisi图像修复算法 [J]. 小型微型计算机系统,2014,35（12）:2754-2758.

[24] LIU Y,LIU C J,ZOU H L,et al. A novel exemplar-based image in-painting algorithm[C]//Proceedings of International Conference on Intelligent Networking and Collaborative Systems. Taipei:IEEE,2015:86-90.

[25] SIADATI S Z,YAGHMAEE F,MAHDAVI P. A new exemplar-based image inpainting algorithm using image structure tensors[C]//Pro-ceeding of the 24th Iranian Conference on Electrical Engineering. Shiraz:IEEE Press,2016:995-1001.

[26] ALILOU V K，YAGHMAEE F. Introducing a new fast exem-plar-based inpainting algorithm[C]// Electrical Engineering. Tehran：IEEE Press，2015.

[27] 刘建华. 计算机技术在考古学与文物保护中的应用 [J]. 中原文物，2004（05）：75-80.

[28] 王凯. 古壁画裂缝虚拟修复技术研究 [D]. 西安：西安建筑科技大学，2013.

[29] 刘刚，鲁东明. 敦煌壁画的数字化 [J]. 敦煌研究，2003（04）：102.

[30] 潘云鹤，鲁东明. 古代敦煌壁画的数字化保护与修复 [J]. 系统仿真学报，2003，15（03）：310-315.

[31] 郭薇. 古代壁画数字化保护的理念与实践 [J]. 吉林艺术学院学报·学术经纬，2007，78（03）：44-46.

[32] 周健悦. 敦煌壁画数字化的知识产权问题研究 [D]. 杭州：浙江大学，2012.

[33] 王凯，王慧琴，吴萌. 唐墓室壁画裂缝的自动虚拟修复方法 [J]. 计算机工程与应用，2014，50（15）：136-139.

[34] 李彩艳. 古代壁画泥斑病害自动标定及虚拟修复 [D]. 西安：西安建筑科技大学，2015.

[35] 黄山园. 基于颜色特征的图像检索技术研究 [D]. 太原：山西大学，2013.

[36] 官倩宁，覃团发，帅勤，等. 综合 MPEG-7 中纹理和颜色特征的图像检索方法 [J]. 计算机应用研究，2008，25（03）：957-960.

[37] BARNI M，PELAGOTTI A，PIVA A. Image processing for the analysis and conservation of paintings：portunities and challenges[J]. IEEE Signal Processing Magazine，2005，22（05）：141-144.

参考文献

[38] 鲁东明，潘云鹤，陈任. 敦煌石窟虚拟重现与壁画修复模拟 [J]. 测绘学报，2002，31（01）：12-16.

[39] PEI S C，ZENG Y C，CHANG C H. Viriual restoration of ancient Chinese paintings using color contrast enhancement and lacuna texture synthesis[J]. IEEE Transactions on Image Processing，2004，13（03）：416-429.

[40] PAPANDREOU G，MARAGOS P，KOKARAM A. Image inpainting with awavelet domain hidden markov tree model[C]// 2008 IEEE International Conference on Acoustics，Speech and Signal Processing. IEEE，2008.

[41] 伊宝. 永安寺传法正宗殿水陆壁画的构图及艺术特征 [J]. 山西档案，2013（04）：23-28.

[42] 王琦. 古代壁画的语义检索技术及应用研究 [D]. 杭州：浙江大学，2011.

[43] ADAMS R，BISCHOF L. Seeded region growing[J]. IEEE Transactions on Pattern Analysis and Machine Intelligence，2002，16（06）：641-647.

[44] 朱立谷. 基于备份、复制和镜像的数据库高可用技术的研究 [J]. 计算机应用研究，2002（04）：41-43.

[45] 宏伟，秦昌明. 基于 B/S 3 层体系结构的软件设计方法研究 [J]. 实验室研究与探索，2011，30（07）：64-66.

[46] 疯狂软件. Spring+MyBatis 企业应用实战 [M]. 北京：电子工业出版社，2017.

[47] 吴波，王晶. 基于基本 RBAC 模型的权限管理框架的设计与实现 [J]. 计算机系统应用，2011，20（04）：50-54.

[48] LAURIA M, PAKIN S, CHIEN A. High Performance MPI on workstation cluster [J]. Journal of Parallel and Distributed Computing, 2007, 40（01）: 4-18.

[49] 周莹莲, 刘甫. 服务器负载均衡技术研究 [J]. 计算机与数字工程, 2010, 38（04）: 11-14+35.

[50] 姜文颖. CDN 网络中几种负载均衡实现技术的探讨 [J]. 中国数据通信, 2004（01）: 61-65.

[51] KARGER D, LEHMAN EL, LEIGHTON T, et al. Consistent hashing and random trees : distributed aching protocols for relieving hot spots on the World Wide Web[C]// Twenty-ninth Acm Symposium on Theory of Computing.El Paso : University of Texas at El Paso, 1997.

[52] 苗泽. Nginx 高性能服务器详解 [M]. 北京: 电子工业出版社, 2013: 49-58.

[53] LIU D, DETERS R. The Reverse C10K Problem for Server-Side Mashups[M]// Service-Oriented Computing - ICSOC 2008 Workshops. Berlin : Springer-Verlag, 2009.

[54] 汪海洋, 凌永兴, 包丽红, 等. 基于 keepalived 的高可用性应用研究 [J]. 电子技术, 2014, 43（07）: 21-24.

[55] 袁亮, 涂雪滢, 巨刚, 等. 基于机器视觉的番茄实时分级系统设计 [J]. 新疆大学学报（自然科学版）, 2017, 34（01）: 11-16.

[56] DENG L J, GUO W, HUANG T Z. Single image super-resolution by approximated Heaviside functions[J]. Information Sciences, 2016, 348（C）: 107-123.

[57] CHERNOV V, ALANDER J, BOCHKO V. Integer-based accurate conversion between RGB and HSV color spaces[J]. Computers & Electrical Engineering, 2015, 46: 328-337.

[58] 马玲, 张晓辉. HSV 颜色空间的饱和度与明度关系模型 [J]. 计算机辅助设计与图形学学报, 2014, 26（08）: 1272-1278.

[59] FÖRSTNER W, GÜLCH E. A fast operator for detection and precise location of distinct points, corners and circular features[J]. Isprs Intercommission Workshop Interlaken, 1987: 281-305.

[60] AKL A, YAACOUB C, DONIAS M, et al. Texture synthesis using the structure tensor [J]. IEEE Transactions on Image Processing, 2015, 24（11）: 4082-4095.

[61] 刘帅奇, 李鹏飞, 安彦玲, 等. 基于结构张量和各向异性平滑的 DTI 去噪 [J]. 小型微型计算机系统, 2018, 39（09）: 1927-1931.

[62] 刘栋, 侯慧明. 山西盂县青石寺水陆壁画构图及艺术特征 [J]. 五台山研究, 2018（01）: 59-64.

[63] CAO J F, LI Y F, CUI H Y, ZHANG Q. Improved region growing algorithm for the calibration of flaking deterioration in ancient temple murals[J]. Heritage Science, 2018, 6（1）: 67-89.

[64] PATEL G A, KUMAR S, PRAJAPATI D. A. Improved exemplar based image inpainting using structure tensor [J]. International Journal of Computer Applications, 2014, 96（15）: 9-14.

(a) 开化寺宋代壁画褪色

(b) 广胜寺元代壁画裂隙

(c) 开化寺宋代壁画起甲

(d) 开化寺宋代壁画脱落

图 1.1　寺观壁画典型病害图

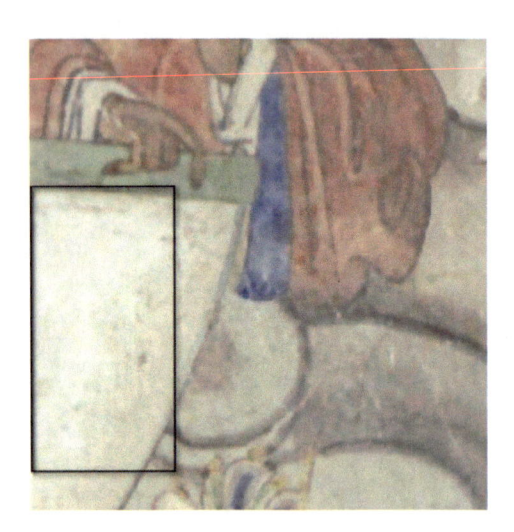

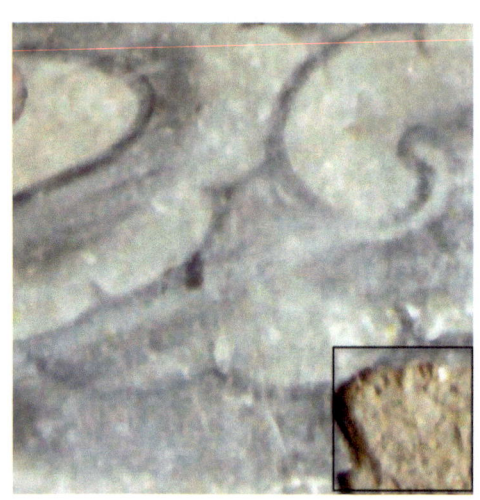

（a）绘画层脱落　　　　　　　　（b）地仗层脱落

图 3.2　壁画脱落病害示例

(a）绘画层图像

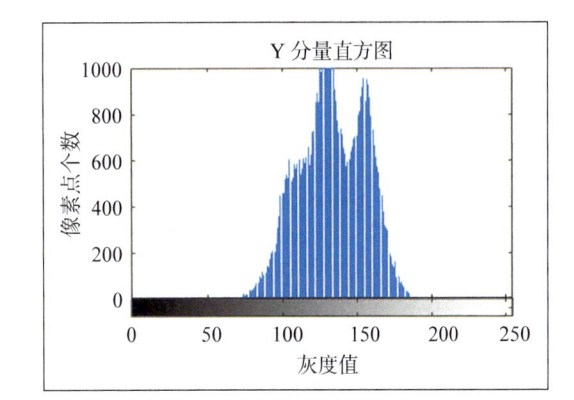

(b）绘画层亮度直方图

(c）地仗层图像

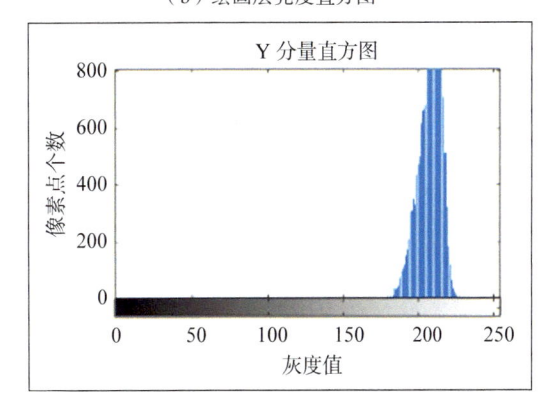

(d）地仗层亮度直方图

图 3.3　地仗层与绘画层亮度直方图

· 105 ·

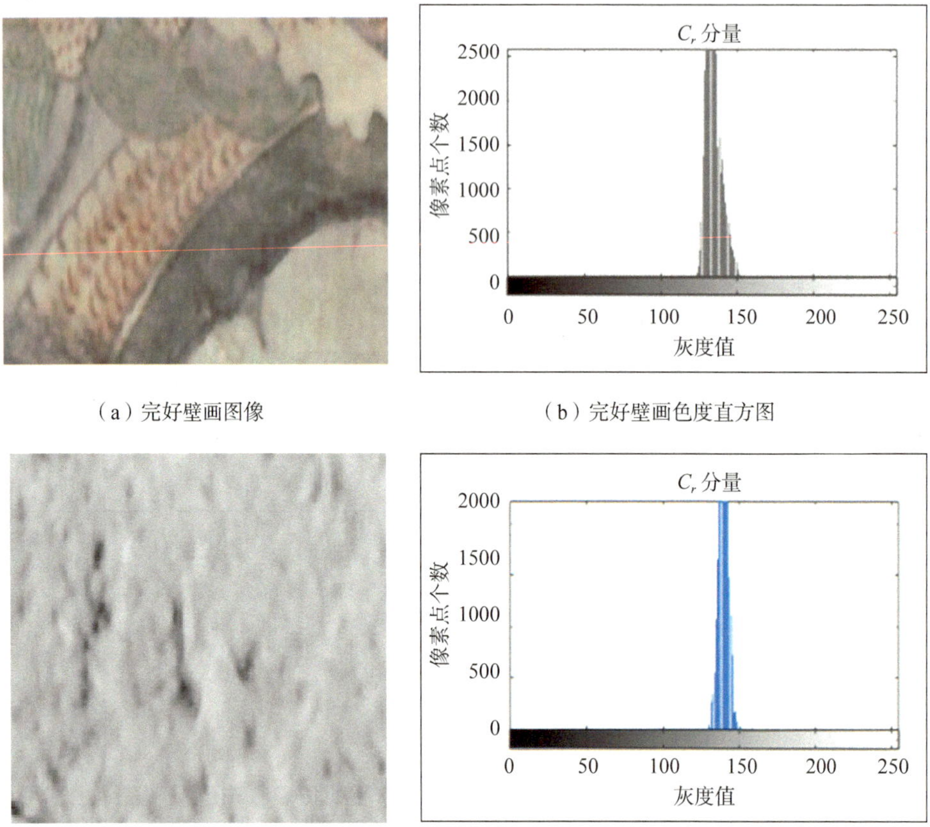

（a）完好壁画图像　　　　　　　　　（b）完好壁画色度直方图

（c）地仗层脱落区域图像　　　　　（d）地仗层脱落区域色度直方图

图 3.6　色度直方图对比

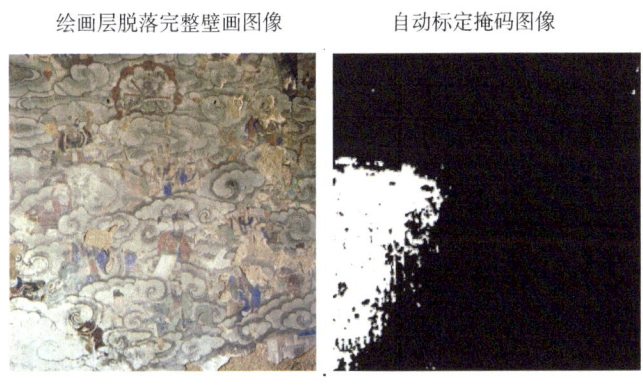

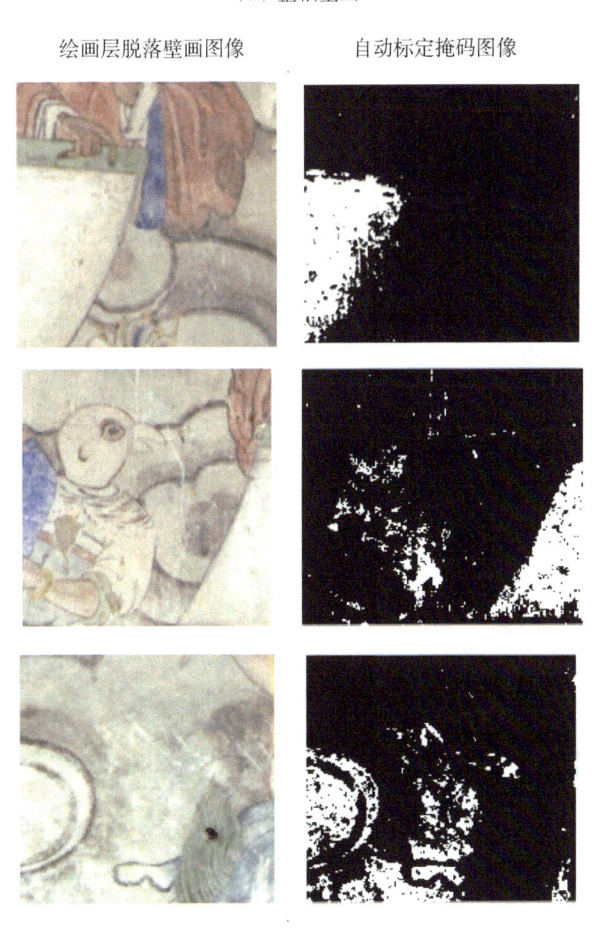

绘画层脱落完整壁画图像　　　自动标定掩码图像

（a）整幅壁画

绘画层脱落壁画图像　　　自动标定掩码图像

（b）壁画局部区域

图 3.7　绘画层脱落病害自动识别和标定示例

地仗层脱落完整壁画图像　　　　　　颜色掩码

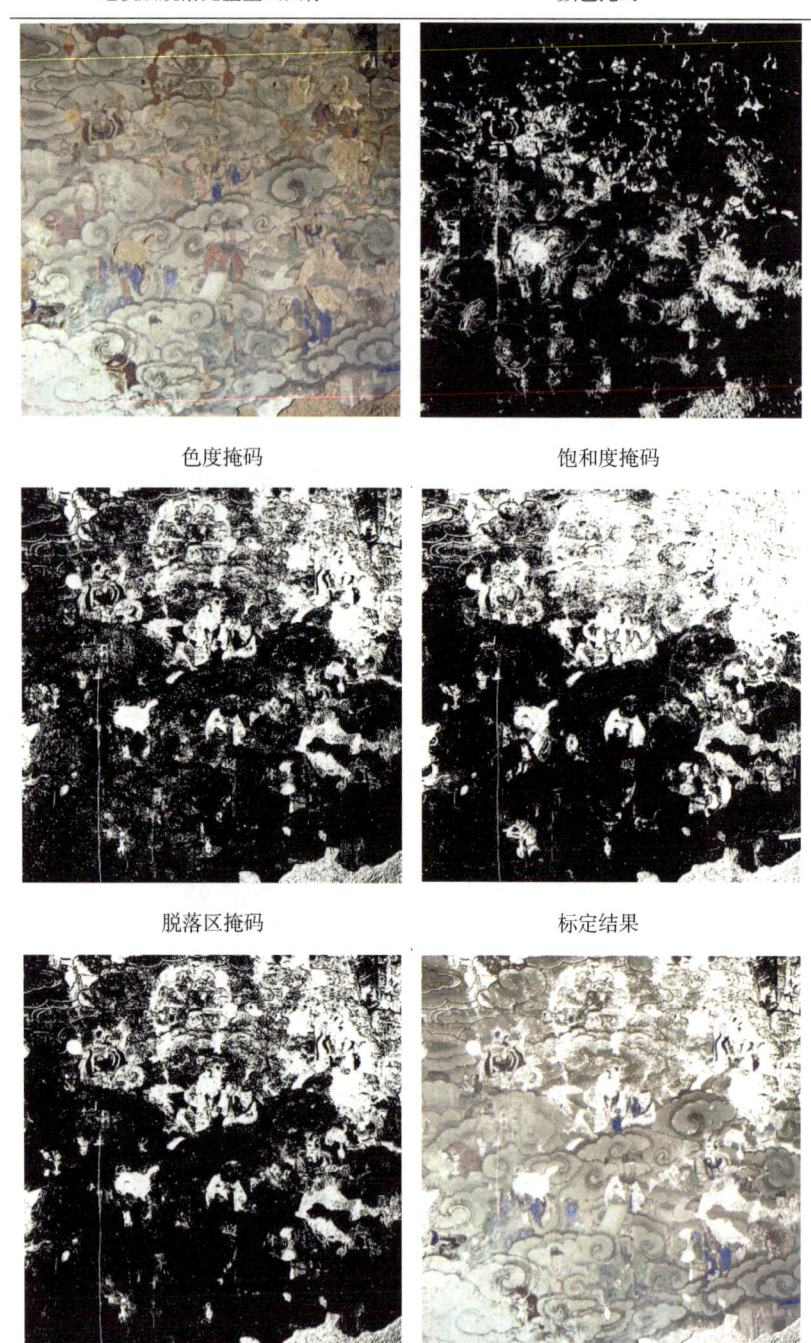

色度掩码　　　　　　　　　　　　饱和度掩码

脱落区掩码　　　　　　　　　　　　标定结果

（a）整幅壁画

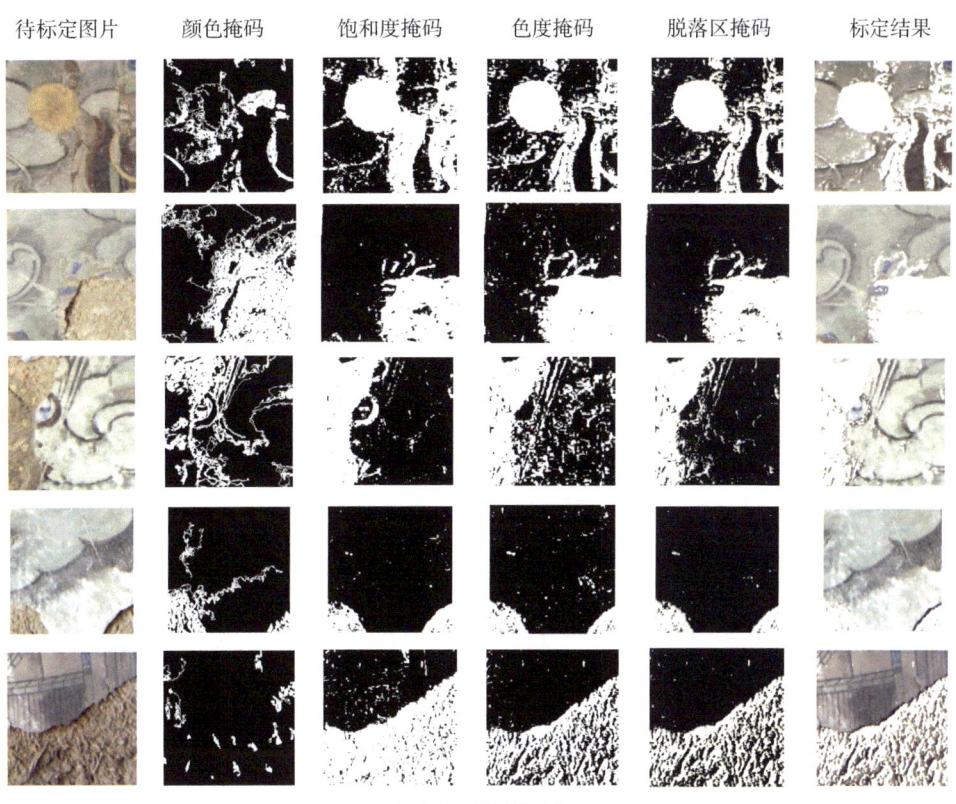

| 待标定图片 | 颜色掩码 | 饱和度掩码 | 色度掩码 | 脱落区掩码 | 标定结果 |

(b)壁画局部区域

图 3.8 地仗层脱落病害自动识别和标定示例

待标定完整壁画图像　　　　　　　　　文献 [33] 的标定结果

文献 [34] 的标定结果　　　　　　　　　本书的标定结果

(a) 整幅壁画

| 待标定图像 | 文献 [33] 的标定结果 | 文献 [34] 的标定结果 | 本书的标定结果 |

（b）壁画局部区域

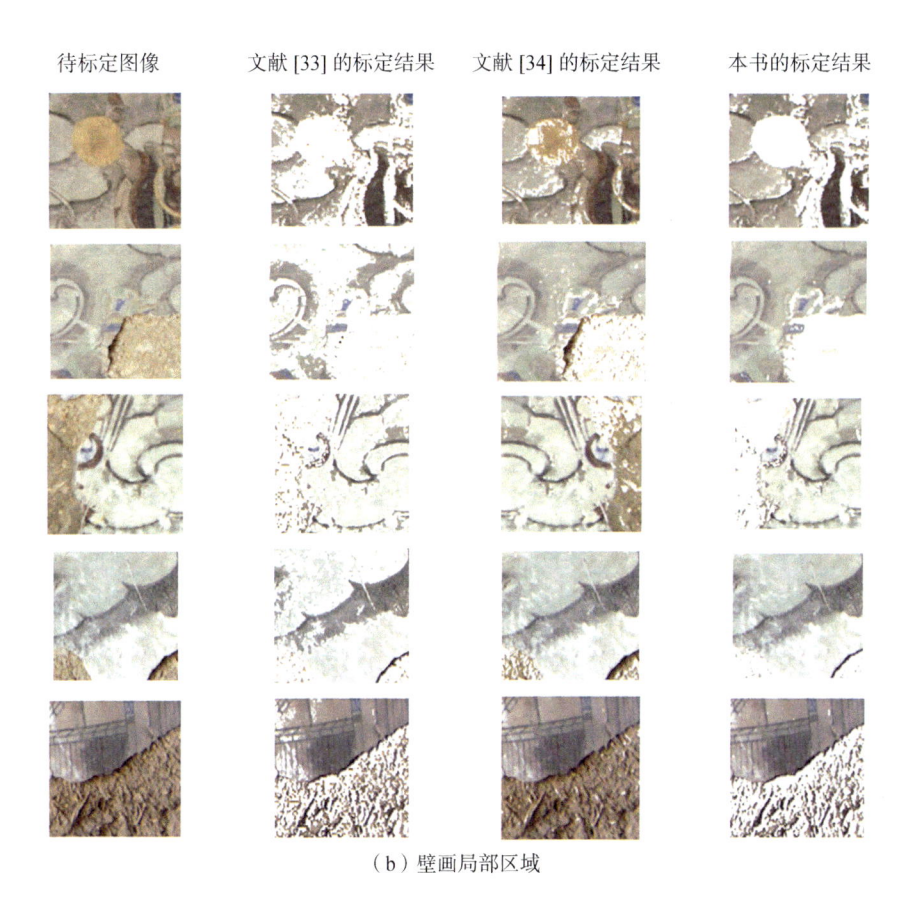

图 3.9 不同标定方法实验对比

· 111 ·

图像1　　　　　　　　　　　　　图像2

图像3　　　　　　　　　　　　　图像4

图 4.2　不同结构区域大小为 9×9 的像素块

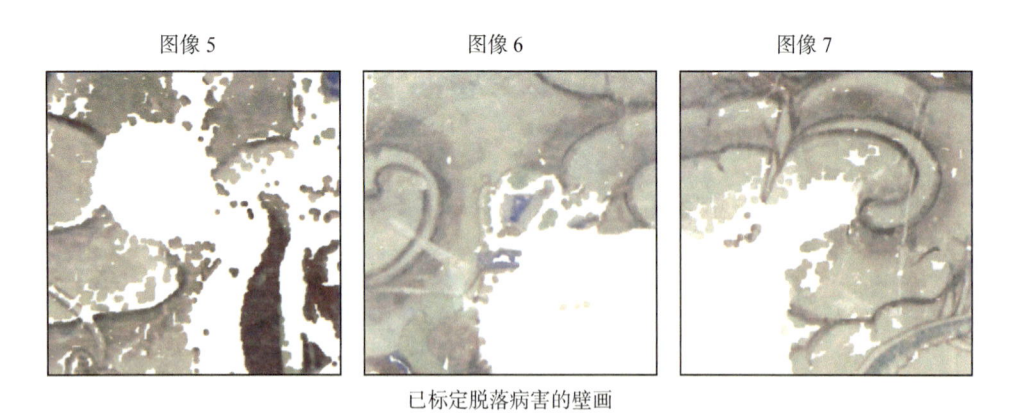

图像5　　　　图像6　　　　图像7

已标定脱落病害的壁画

图 4.4　不同算法修复效果对比图

图像 5　　　　　　　图像 6　　　　　　　图像 7

Criminisi 算法修复效果

文献 [23] 算法的修复效果

文献 [25] 算法的修复效果

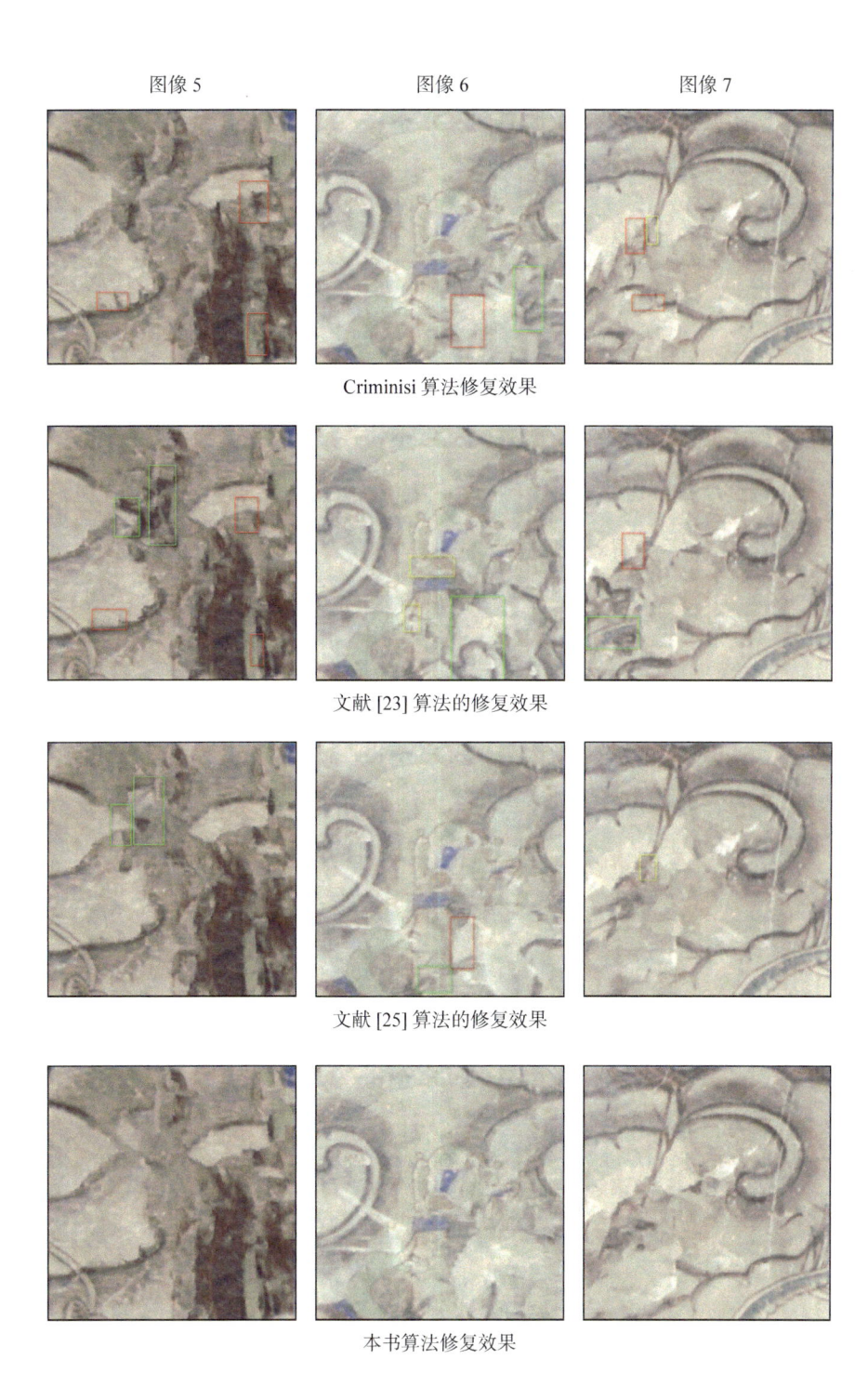

本书算法修复效果

图 4.4　不同算法修复效果对比图（续）

· 113 ·

原始壁画图像　　　　　　　人为破坏壁画图像　　　　　　Criminisi 算法修复效果

文献 [34] 算法的修复效果　　文献 [37] 算法的修复效果　　本书算法的修复效果
（a）鱼纹图像

原始壁画图像　　　　　　　人为破坏壁画图像　　　　　　Criminisi 算法修复效果

文献 [34] 算法的修复效果　　文献 [37] 算法的修复效果　　本书算法的修复效果
（b）人物图像

原始壁画图像	人为破坏壁画图像	Criminisi 算法修复效果
文献 [34] 算法的修复效果	文献 [37] 算法的修复效果	本书算法的修复效果

(c) 动物图像

原始壁画图像	人为破坏壁画图像	Criminisi 算法修复效果
文献 [34] 算法的修复效果	文献 [37] 算法的修复效果	本书算法的修复效果

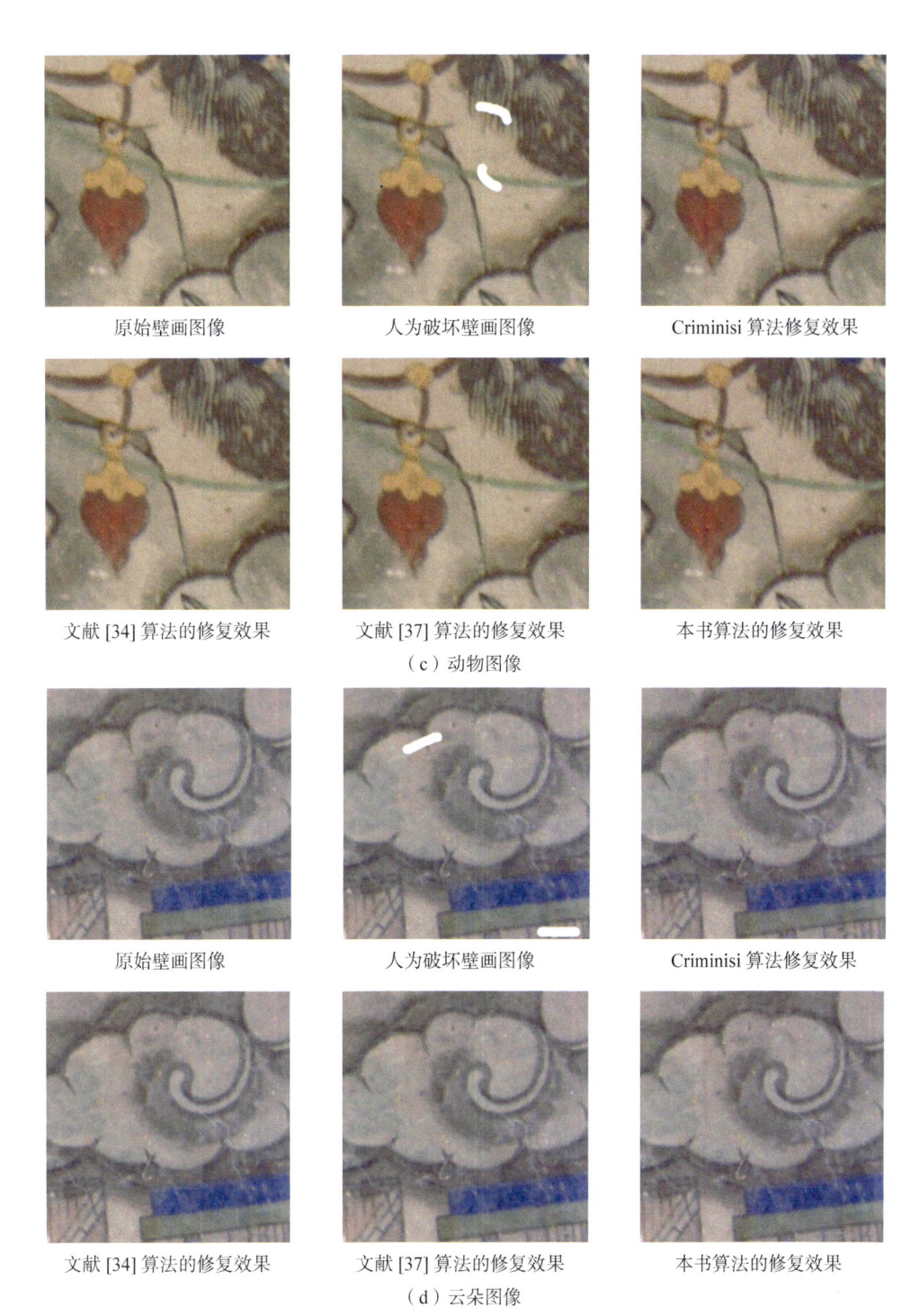

(d) 云朵图像

图 4.5 人工破坏壁画图像修复结果比较

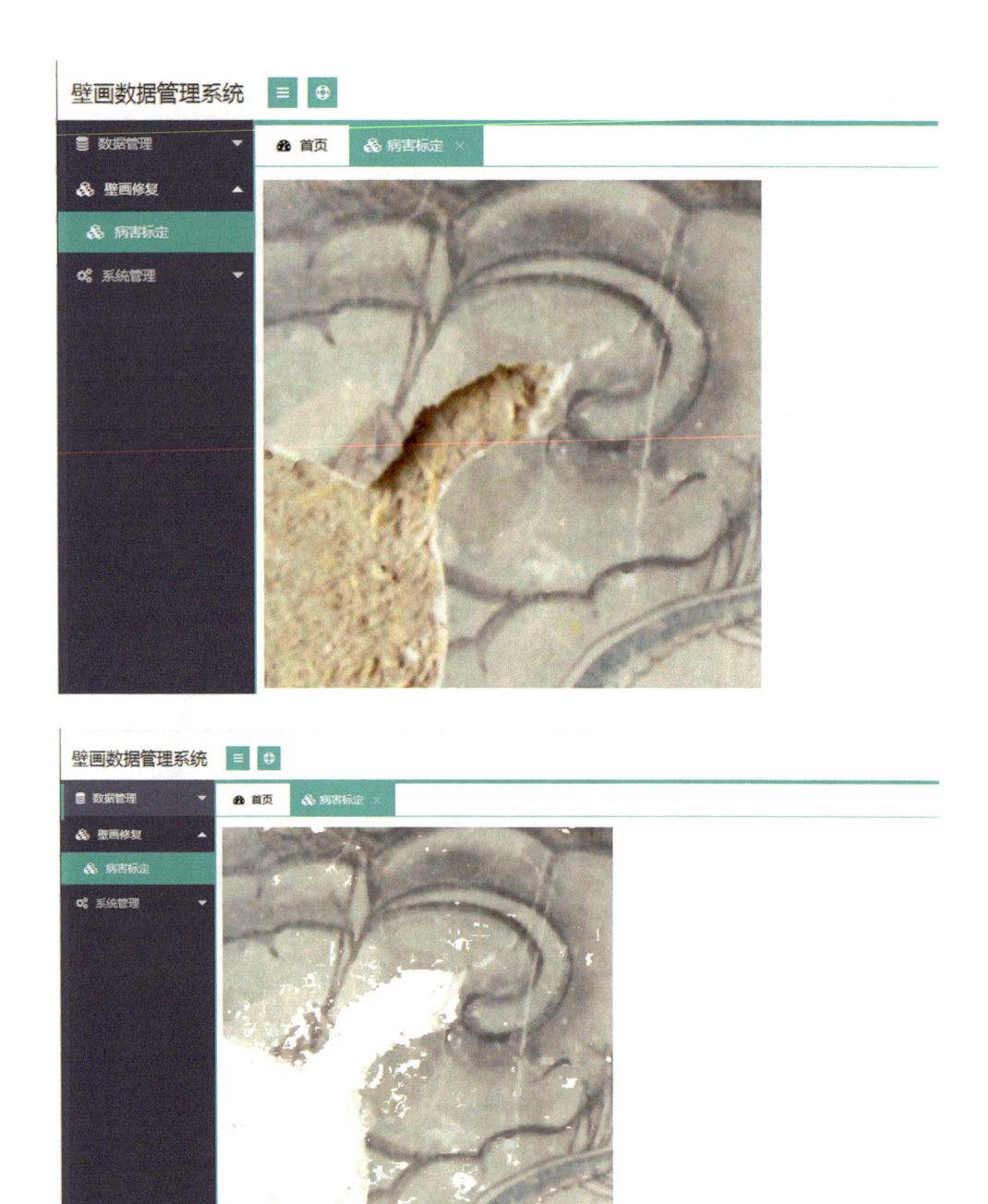

图 5.8 病害标定结果界面

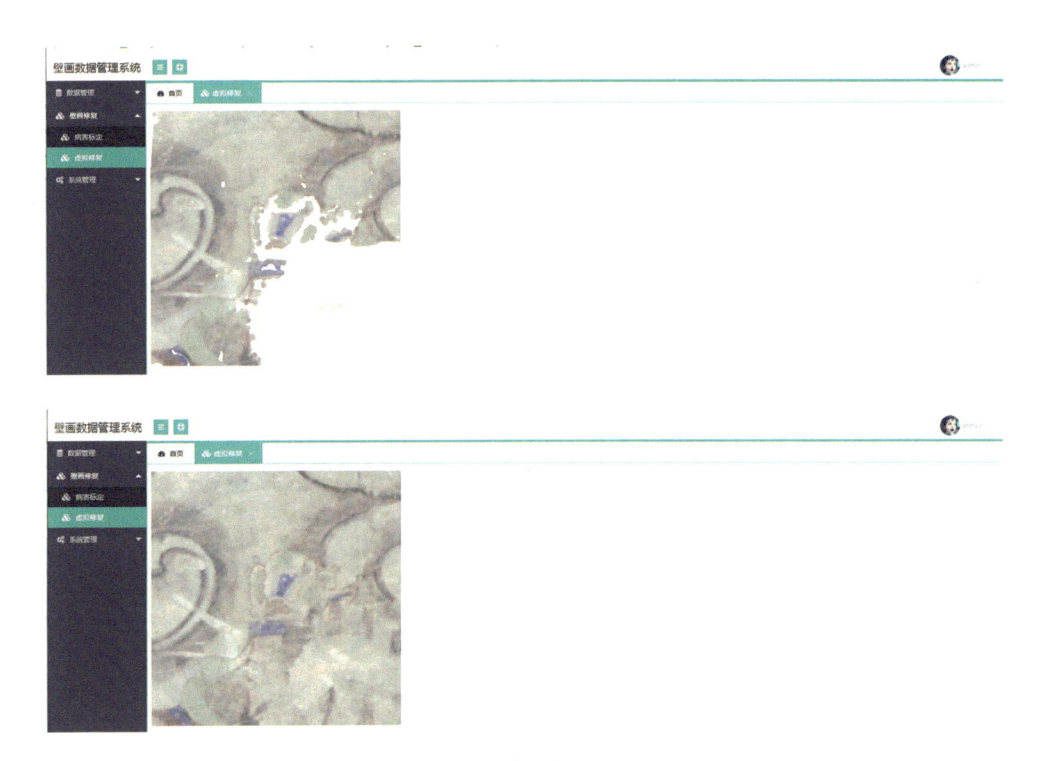

图 5.10 病害修复结果界面